广东省高校就业创业特色示范课程配套教材
高等职业教育新形态一体化教材

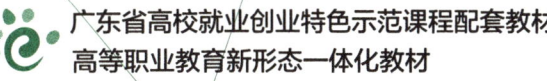

U0771635

创业实务

主　编　许统德

参　编　赵艾菁　丁文峰　方桢瀚　覃　聪
　　　　曾文怡　王绍光　崔二娟　李显意

中国教育出版传媒集团
高等教育出版社·北京

内容提要

　　本书是广东省高校就业创业特色示范课程配套教材,也是高等职业教育新形态一体化教材。全书深入贯彻落实党的二十大精神,服务科教兴国战略、人才强国战略、创新驱动发展战略,积极探索新时代创新创业人才培养新模式。全书依据《国务院关于推动创新创业高质量发展打造"双创"升级版的意见》《国务院办公厅关于进一步支持大学生创新创业的指导意见》等文件要求,落实立德树人根本任务,立足职业教育类型特色,对接中国就业培训技术指导中心发布的《创业培训标准(试行)》中"创业准备"阶段的内容,遵循理论与实践相结合的编写原则,在多年课题研究和教学实践的基础上,以真实的创业实践项目为例,模拟创业实践流程,构建了 10 个项目 24 个任务的知识体系,全方位地展现一个创业项目的产生及落地实施的过程;同时,通过对实践的总结和反思,促进专业知识向创业实践的有效转化,提升创业能力,培养创新思维。此外,本书有机融入中国国际大学生创新大赛的优秀案例,力求达到"课赛"融通育人的目的。

　　与本书配套的省级高校就业创业特色示范课程"创业实务"已在智慧职教·MOOC 学院上线,优质的数字资源以二维码链接的形式呈现在书中,使用者可随扫随学。配套的教学课件等教学资源的获取方式详见书后"郑重声明"页的资源服务提示。

　　本书既可作为高职院校(专科层次、本科层次)创新创业教育课程教材,也可作为各级各类创新创业大赛的指导用书,还可作为创业新手的参考用书。

"智慧职教"服务指南

"智慧职教"（www.icve.com.cn）是由高等教育出版社建设和运营的职业教育数字教学资源共建共享平台和在线课程教学服务平台系统，与本教材配套课程相关的部分包括 MOOC 学院、职教云平台和 App 等。用户通过平台注册、登录即可使用该平台。

● "智慧职教·MOOC 学院"平台：为学习者提供本教材配套课程的学习服务。

登录"MOOC 学院"平台，在搜索框中搜索"创业实务"，找到对应作者主持的课程，点击"加入课程"即可学习课程资源。

● "智慧职教·职教云"平台：支持任课教师对本教材配套课程进行引用、修改，再发布为个性化课程（SPOC）。

1. 登录职教云平台，在首页单击"新增课程"按钮，根据提示设置要构建的个性化课程的基本信息。

2. 进入课程编辑页面设置教学班级后，在"教学管理"的"教学设计"中"导入"教材配套课程，可根据教学需要进行修改，再发布为个性化课程。

● "智慧职教 icve"App：支持任课教师和学生基于新构建的个性化课程开展线上线下混合式、智能化教与学。

1. 在应用市场搜索"智慧职教 icve"App，下载安装。

2. 登录 App，任课教师指导学生加入个性化课程，并利用 App 提供的各类功能，开展课前、课中、课后的教学互动，构建智慧课堂。

了解"智慧职教"使用帮助及常见问题解答请访问 help.icve.com.cn。

前　言

党的二十大报告擘画了以中国式现代化全面推进中华民族伟大复兴的宏伟蓝图，号召全党全军全国各族人民紧密团结在以习近平同志为核心的党中央周围，牢记空谈误国、实干兴邦，坚定信心、同心同德，埋头苦干、奋勇前进，为全面建设社会主义现代化国家、全面推进中华民族伟大复兴而团结奋斗。

习近平总书记指出，明天的中国，希望寄予青年，中国发展要靠广大青年挺膺担当，扎根中国大地了解国情民情，在创新创业中增长智慧才干，在艰苦奋斗中锤炼意志品质，在亿万人民为实现中国梦而进行的伟大奋斗中实现人生价值，用青春书写无愧于时代、无愧于历史的华彩篇章。

易变性、复杂性、模糊性也许是最能反映大众认知当今这个时代的词语。新兴技术正在快速改变我们的生活方式，产业裂变正在影响我们的行为习惯，行业重构正在挑战我们的学习与就业。

在过去，一个产业或一家企业的发展周期主要分为萌芽期、发展期、成熟期和衰退期四个阶段，产业发展周期很长，企业提供的岗位在数量上虽有波动，但总体呈现出稳定增长的态势；在要求上虽有差异，但总体呈现出标准化的特征。因此，在过去，同学们学习的核心目标是成为合格的岗位人才。

但是，今天的市场环境正在发生革命性的变化，行业、产业、企业的生存和发展充满了不确定性。昨天还备受追捧的企业一夜之间被跨界颠覆，前些年还是高热度的岗位几年后迅速被人工智能替代。与此同时，新技术催生的新兴行业层出不穷，不断刷新着我们对就业市场的认知：互联网营销师、酒店体验师、健康管理师、民宿管家等新兴岗位不胜枚举。这些全新岗位满足的是不同的社会需求，但它们有一个共同特征：都需要创业型人才,俗称"创客"。我们也可以把这个时代称为"创客时代",即人人都是创业者的时代。

这时,同学们也许会心生疑问:我只想毕业后找到一份合适的工作,为什么一定要成为"创客"?这是因为过去的产业发展周期很长,意味着客户需求是相对确定的,也就是说你要解决的问题是确定的,只要你能解决这些问题、满足这一岗位的需求,便是合格员工。但今天,客户需求是不确定的,对应的岗位需求也充满了不确定性,这就需要每一个员工都能够顺应需求的变化,具备快速发现问题并创造性解决问题的能力。

在"创客时代",缺乏创新创业思维的人将很难就业。因为企业不仅看重你学过什么专业,更看重你能解决什么问题。如果能发现高价值需求(即客户有需求而市场未能很好地满足),并能创造性地满足需求,你将迎来职业生涯的高光时刻。

因此,我们何不来一次梦想实验?为日后成为梦想中的自己开启创业之旅,成为新时代的"创客",助力职业生涯更加靓丽出彩!

开启创业之旅,需要创业之钥。编者聚焦国家战略导向,在多年课题研究和教学实践的基础上,通过访谈创业校友和企业家,咨询企业和行业专家意见,融合中国国际大学生创新大赛和行业培训内容,形成本书的初稿,并数次易稿,终于成书。本书的主要特色及创新有如下几点。

思创专创融合,同向同行,同频共振 本书采用跨学科的方式进行编写,在知识与技能传授、案例选取、栏目设置等方面润物无声地融入"家国情怀""社会担当""诚信守法""敬业乐业""工匠精神"等思政元素,旨在以理想信念为精神坐标,引导同学们以国情民情为立足点,扎根祖国大地,利用专业知识创造满足人民美好生活需要的产品或服务,促进个人理想与社会发展同向同行。同时本书设计了完整的内容体系,帮助同学们掌握创业必备的专业知识与技能,提升解决企业日常生产研发、营销、财务等实际问题的能力,实现专业知识与创新创业教育的同频共振。

育人目标明确,先锋引领,榜样促学 本书贯彻落实立德树人根本任务,注重教材的育人功能,突出职业教育类型特色,遵循"理论与实践相结合"的编写原则,通过进阶式的任务设置,将知识传授自然过渡到实践教学上来,强化同学们的实践能力和应用思维。教材内容紧密对接真实的创业情境,充分吸收国内外创业教育的最新成果,引入联合国国际劳工组织开发的 SYB(Start Your Business)培训内容,选取大学生创业的先锋事迹和中国企业在数字时代的典型创业案例,梳理创业准备阶段的重点和难点,探索大学生创业的一般范式,用理论指导实践、用实践丰富理论,促进创业能力和创新思维的进阶式提升。

体例设计新颖,贴近时代,实用易懂 为助力同学们有效开展创业实践,编者就创新创业课程的内容及目标进行了系统梳理和科学重构,在遵循高职学生的认知规律和学习习惯的基础上,采用"项目导向—任务驱动"式的教学设计,以真实的校园创业实践为蓝本,对标中国国际大学生创新大赛要求,构建科学实用、可操作性强的知识体系,设计 10 个项目24 个任务,全方位地呈现创业项目的形成和落地实施的全过程。各项目还设计了创路领航、学习目标、创业实景、任务先行、任务解码、任务总结、拓展提升等栏目,以便同学们迅速理解知识点并开展实践训练,扎实走好从创意到创业的每一步。

资源丰富优质,纸数融合,便于自主学习 本书配套开发的广东省高校就业创业特色示范课程"创业实务"已在"智慧职教·MOOC 学院"上线,能有效满足数字时代的教学需要。与本书一体化设计开发的微课资源独具特色,运用"创业号"列车和人物场景动画激发同学们的探究欲望和思维火花,增强学习的可视性和趣味性,提高学习兴趣和学习效率。

本书由许统德担任主编,覃聪、丁文峰、赵艾菁、曾文怡、方桢瀚、王绍光、崔二娟、李显意参与编写,张增先和李显意两位企业专家担任编写顾问。全书由许统德负责设计编写体例及统稿,具体的编写分工如下:许统德编写项目一、项目十;丁文峰编写项目二、项目七;曾文怡编写项目八、项目九;赵艾菁编写项目四、项目六;方桢瀚编写项目三、项目五;覃聪、王绍光和崔二娟编写学生创业案例。

本书在编写过程中参考并借鉴了众多国内外著作、杂志和网络文献的有益见解,引用大量学生创业实例;在编写和出版过程中还得到了高等教育出版社编辑的大力支持和帮助,在此一并表示衷心感谢。由于编者水平有限,书中难免存在疏漏之处,敬请广大读者批评指正。

编 者

2024 年 4 月

目　录

项目一

调研商业 分析创业环境

» **创路领航**

知之为知之,不知为不知,是知也。

——《论语·为政》

» **学习目标**

● 知识目标

(1) 熟悉企业的类型及商业生产经营活动的完整过程。

(2) 熟练掌握商业模式的概念、内容及画布构成。

● 能力目标

能够运用商业模式画布分析项目的创业环境。

● 素养目标

(1) 培养实事求是的调研精神。

(2) 培养新时代创业精神。

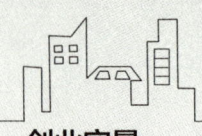

创业实景

　　吴小强（化名），广东普宁市人，2023年考入广东某职业技术学院外语学院，之前已有丰富的创业实践经历。在校期间，他系统学习了"商务沟通技能训练""网上外贸创业技能训练""外贸单证实务""创新思维""创业实务"等课程。在大二期间，他萌生了创业的想法，打算从事乌木工艺饰品设计定制相关工作，在征求了朋友和家人的意见后，他前往广东省揭阳市揭东区玉石市场进行实地调研。他走访了193个商家，并以消费者的身份与10个商家进行了面对面的谈话调研，全面了解了揭东区阳美镇周边主营工艺饰品定制的商家的市场规模、经营状况、客户需求、定制类型等情况，综合判断后，认为乌木工艺饰品定制业务会持续增长，该创业项目很有发展潜力，非常契合"95后""00后"群体的消费需求；而且当地配套的首饰加工、雕刻、镶嵌等产业链十分齐全，物流、食宿等也非常便利，政府机构还定期举办商品展销会，工商服务很到位，创业环境良好，值得落地创业。

思考与探究：

　　深入分析案例，结合自己的创业项目，思考客户的最终需求是什么。

案例动画：吴小强的创业故事（1）

任务一 调研创业环境

⊘ 任务先行

通过分析吴小强的创业故事,我们知道只有在了解企业的类型、明确影响创业环境的因素后,才能以自己的创意项目为基础,有目的、有计划、有方法地在创业区域开展实地调研。

🔑 任务解码

一、了解企业

(一) 企业的概念

企业是以营利为目的,依法设立的从事商品生产、交换或提供服务活动的经济组织。

从动态的角度来看,一方面,企业是一个人或一个群体以营利为目的进行商品生产、交换或提供服务活动的经济组织;另一方面,企业既要从供应商(市场)处采购商品(产品或服务),又要向顾客(市场)出售商品(产品或服务),并实行自主经营、自负盈亏、独立核算。同时,企业还要不断地与供应商和顾客进行信息沟通,以采购到更符合顾客需求的商品(产品或服务)。因此,企业在经营过程中便形成了商品流、现金流和信息流的循环(图 1-1-1)。

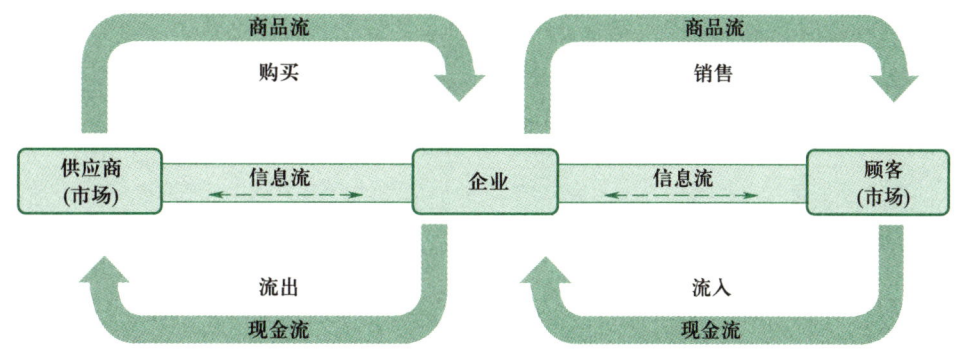

图 1-1-1　商品流、现金流和信息流的循环过程

（1）商品流是指从市场购买商品（设备、原材料、成品等），并向市场销售商品（产品或服务）的商业活动。

（2）现金流是指资金流出（购买原材料，支付工资、其他费用等）和资金流入（销售商品或提供服务的收入等）的资金活动。

（3）信息流是指企业与顾客、供应商之间信息多向传递及反馈形成的信息活动。

（二）企业的类型

在现实生活中，企业的分类方式有很多种，可以按产业分类、按企业规模分类，也可以按行业、企业的生产经营特征分类。

其中，按生产经营特征分类，可以将企业分为贸易类企业、制造类企业、服务类企业和农林牧渔类企业四种类型。

1. 贸易类企业

贸易类企业是指从事商品买卖活动的相关企业。它们从制造商或批发商处购买商品，再把商品卖给顾客和其他企业。

贸易类企业可以细分成零售商和批发商。通常，把商品卖给最终消费者的企业称为零售商，如便利店、超市等。与零售商相对应的是批发商，是指从制造商处购买商品，通过转售或租赁获得利润的企业，如蔬菜批发商、水果批发商、服装批发商。

2. 制造类企业

制造类企业是指使用原材料生产制作实物产品的企业。如果你利用皮革、布料、木材、水果等原料开设制鞋厂、服装厂、家具厂、果品加工厂等，那么你拥有的就是一家制造类企业。

3. 服务类企业

服务类企业是指提供某项特定服务或多项服务活动的企业，如货运服务、理发服务、旅游服务、家政服务、餐饮服务等。

4. 农林牧渔类企业

农林牧渔类企业是指利用土地或水域资源进行生产的企业。这类企业可能是种植蔬菜和水果的企业，也可能是养殖家禽和水产的企业。

虽然企业的分类多样，但其本质不变。一个企业的立身之本就是创造价值，企业不仅为自身创造价值，更要为行业和社会创造价值。大到国家发展、社会热点、行业难点，小到个人的衣食住行，只要能够创造价值，都可以是创业的方向。

二、了解商业环境

企业无法离开市场而独立存在,只有很好地了解市场、了解商业环境,企业才能做出最佳决策,从而实现经营目标。

商业环境是指与企业经营活动相关的所有外部因素和条件,可细分为微观环境和宏观环境(图1-1-2)。认识和分析商业环境的过程也是不断发现机会、识别威胁,使可控制的因素同外界不可控制的因素相适应的过程。

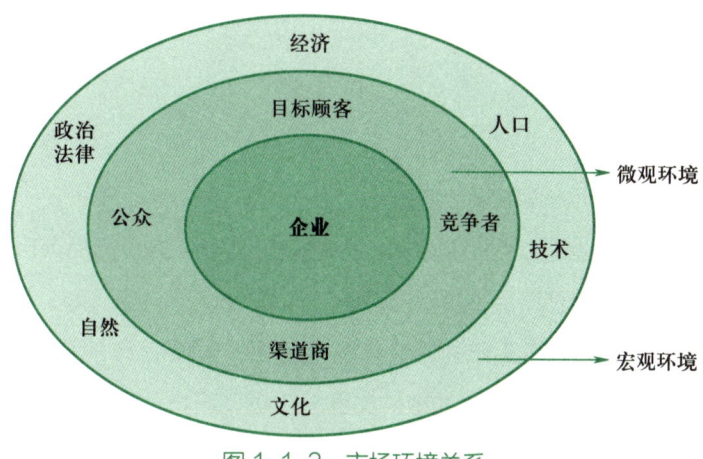

图 1-1-2　市场环境关系

（一）微观环境

微观环境也称作业环境、直接营销环境,与企业有一定的经济联系,能够直接影响企业为目标顾客提供产品或服务的能力。常见的微观环境包括企业的内部环境、供应商、营销中介、顾客、竞争者等。

（二）宏观环境

宏观环境又称间接营销环境,通常与企业没有直接的经济联系,但是可以通过影响微观环境的相关因素来影响企业,同样也能对企业的生产经营活动产生重要影响。常见的宏观环境包括政治和法律环境、人口环境、经济环境、社会文化环境、自然环境、科学技术环境等。

分析商业环境对创业有什么用呢？企业不只是被动地适应环境,还可以积极主动地改造环境、影响环境,进而引导消费者的需求,促使环境因素朝着有利于企业发展的方向改变。

在营销史上有一个经典的故事:有两名推销员到某海岛推销鞋子,他们到达后却发现这里的居民没有穿鞋的习惯。于是，一名推销员给公司发了一封邮件，称岛上的居民不穿鞋子，这里没有市场，随之打道回府。而另一位推销员则给公司发邮件称，这里的居民不穿鞋子，可开发的市场潜力很大。于是他让公司运来一批鞋，免费赠给当地居民试穿，并告诉他们穿鞋的好处。慢慢地，人们发现穿鞋确实既实用又舒适，而且美观，后来穿鞋的人越来越多。这样，该推销员通过自己的努力，改变了当地居民的生活习惯，也改变了企业的经营环境，最终获得了成功。

"市场营销学之父"菲利普·科特勒曾说过："聪明的营销者不仅要适应营销环境，还要设法对它进行引导。"在创业的过程中，我们要时刻关注市场环境的发展变化，调整工作计划，成为能动的环境适应者甚至引导者。

三、设计调研方案

（一）掌握市场调研方案的设计方法

市场调研可以帮助企业全面地了解市场和顾客的需求，验证产品与市场的匹配度，从而更快地做出决策，设计产品或提供服务。

市场调研方案是对调研工作的通盘考虑，包括整个调研工作的全部内容。调研总体方案是否科学可行，是整个调研成败的关键。市场调研方案的设计方法如图 1-1-3 所示。

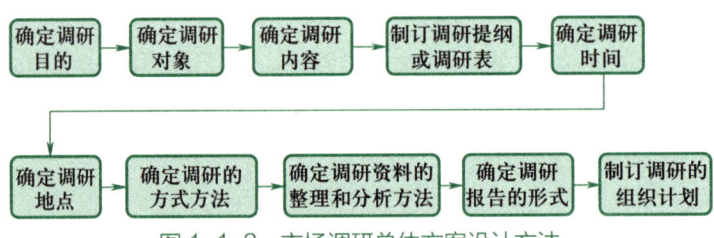

图 1-1-3　市场调研总体方案设计方法

1. 确定调研目的

明确调研目的是调研设计的首要问题，只有确定了调研目的，才能明确调研的范围、内容和方法。以创业项目的调研为例，可将其分为探索性调研、因果关系调研和预测性调研。

2. 确定调研对象

明确了调研目的之后，就要确定调研对象，这主要是为了解决向谁调研和由谁提供具体资料等问题。

3. 确定调研内容

确定调研内容就是要明确向被调研者了解哪些问题,主要包括以下内容。

(1) 市场状况调研。主要包括调研市场规模、调研地理区域的目标市场、估算每位顾客的年均购买量、估算产品的平均价格、估算购买的总金额等。

(2) 宏观营销环境调研。主要包括政治和法律环境、人口环境、经济环境、社会文化环境、自然环境、科学技术环境等。

(3) 对消费者及其购买行为调研。主要包括消费者的构成、消费者的购买动机、消费者的购买行为特点、影响消费者的购买因素和信息渠道、消费者使用产品的行为特征、消费者购买产品后的行为分析等。

(4) 对竞争者的调研。主要包括主要的竞争者、竞争者的产品情况、竞争者的销售情况、竞争者的目标市场、竞争者的市场营销情况、竞争者的营销目标等。

(5) 选址调研。主要包括所选店址的交通状况、商圈状况(如固定人群分析、流动人群分析、商圈竞争状况分析)等。如果采用电子销售,还要做好同类电商平台的对比。

4. 制定调研提纲或调研表

确定调研内容后,可将调研内容科学地分类、排列,制定调研提纲或调研表,方便登记和汇总信息。

5. 确定调研时间

确定调研时间就是要确定调研哪一时期的情况或开展调研的时间节点,目的是要提高信息资料的时效性。

6. 确定调研地点

在进行创业项目调研时,要根据调研目的和内容,选择合适的调研地点。

7. 确定调研的方式方法

搜集调研资料的方式包括普查、重点调查、典型调查、抽样调查等,具体方法包括文案法、访谈法、观察法和实验法等。在调研时,要判断创业项目采用何种方式方法能够更有效地获取数据,并要注重多种调研方式的结合运用,如街头定点访问、入户访问、拦截式访问、网络调研等。

8. 确定调研资料的整理和分析方法

实地调研时,搜集的原始资料大多是零散的、不系统的,只能反映事物的表象,无法呈现事物的本质和规律,需要汇总、加工原始资料,使之系统化、条理化。

9. 确定调研报告的形式

调研报告多以报告书的形式呈现,主要包括文字、图、表和数据等。

10. 制定调研的组织计划

调研的组织计划是指为确保顺利实施调研而制定的计划，主要包括调研的组织领导、调研机构的设置、人员的选择和培训、工作步骤及善后处理等。

（二）设计市场调研问卷

1. 问卷的结构

一份完整的调研问卷通常包括标题、问卷说明、被调研者的基本情况等。

（1）标题应简明扼要，使被调研者明确调研的主题。如"奶茶销售情况调研"。

（2）问卷说明要放在问卷开头，包括调研者的简要介绍、本次调研的目的、感谢语等。如涉及个人信息，应该有"隐私保护说明"。

（3）被调研者的基本情况属于特征调研，便于调研者对调研资料进行统计、分析。如在消费者调研中，消费者的基本情况包括性别、年龄、家庭人口、职业、收入、所在地区等；在企业调研中，企业的基本情况包括企业名称、地址、所有制性质、商品品类、产量等。

2. 问卷设计的注意事项

问卷中会有很多问题，设计问题时要注意以下几点。

（1）主题要明确。要根据调研目的和内容设计题目，重点突出，避免可有可无、模棱两可的问题，即需要把主题分解为具体的问题供被调研者回答。

（2）逻辑顺序要严密。在排列问题时应遵循先简后繁、先易后难、先具体后抽象的原则。同一类别的问题要放在一起，避免逻辑混乱。例如，行为性问题容易回答，多放在前面；态度性问题较难回答，多放在中间；敏感性问题，如涉及动机、隐私等放在最后。此外，封闭性问题放在前面，开放性问题放在后面。

（3）问题的内容要单一且具体。例如，"您对某产品的价格和质量是否满意？"这个问题属于一题两问，让人难以作答。"您对我公司某产品的建议是什么？"这个问题太过宽泛，不够具体，不如换成"您对我公司某产品的包装有何建议？"

（4）问卷语言要通俗易懂。有些问卷涉及一些专业词汇，应转化为普通大众容易理解的通俗说法，使被调研者能明确回答。问卷语言要精练、语气要诚恳，问题不能带有指示性。

（5）避免使用不确切词语。像"通常""经常""大多数"这类词汇，个人理解会有较大差异，要避免使用。例如，面对"您是否经常购买 ×× 产品？"这样的问题，即使被调研者作答也不够确切，不如换成"您平均每个月购买几次 ×× 产品？"另外，问题涉及的时间区间尽量缩短，如果问"您去年购买了几次 ×× 产品"这样的问题，被调研者可能较难回忆起来进而无法准确作答，如果问近一个月内的事情则较好回答。

(6) 问卷不宜过长。一个太长的问卷会让被调研者疲于回答,从而导致放弃回答。如果必须设置很多问题,可以将一个问卷分成两个问卷进行调研。

(7) 便于统计和分析。问题的设计要充分考虑后期的数据统计,要便于结合调查目的对要统计的数据作出判断和分析。

此外,问题的答案设计可以采用是非选择、多项选择、排序法、程度比较法等。

综上所述,有了调研方案和调研问卷,就可以按照计划选择调研区域开展调研,然后撰写调研报告,这可以为分析商业环境提供依据。

📖 任务总结

任务检测

➤ 任务检测

请扫描二维码,测一测你对知识的掌握程度。

➤ 任务实施

结合你的创业项目,确定你的创业项目类型,完成一份调研方案,前往相关区域开展商业环境调研。

➤ 任务反思

一份好的调研方案是成功的开始,同学们可以拿着调研方案去请教自己的专业老师或有创业经验的学长,吸纳他们的意见和建议,优化、完善自己的调研方案。

请结合所学知识,填写思考笔记(表 1-1-1)。

表 1-1-1 思 考 笔 记

思考题目	记录
四种企业类型有何区别	
你的调研方案还有哪些不足	

任务二 观摩商业活动

⊘ 任务先行

通过吴小强的创业故事可知，我们需要根据实地调研情况，运用商业模式画布分析创业环境中的企业经营情况、目标客户消费需求、工商服务水平及设施、政策的配套情况等，最终判断项目落地实施的可行性。

🔑 任务解码

一、认识商业逻辑

创业是一项艰巨的事业，也是一项复杂的系统工程，创业活动充满颠覆性、不确定性和创造性。要想更好地了解创业，开展创业活动，就需要遵循一定的逻辑框架。

商业经营活动的完整过程可以分解为以下几个阶段（图1-2-1）。

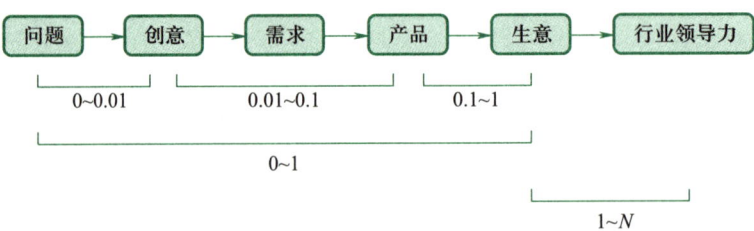

图1-2-1 商业经营活动的不同阶段

（一）0~1阶段

0~1阶段指的是从问题出发，形成创意，找到需求，做出产品并完成最小商业交易闭环的过程。

（二）1~N阶段

1~N阶段指的是在完成最小商业交易闭环的前提下，快速扩张市场规模，形成企业核心竞争力的过程。

企业通过一连串的商业经营活动达到最终的商业目的，就是企业运作过程中的商业逻辑。

需求是一切商业的起点，而行业领导型企业是创业者希望达成的最终目标，两者之间的连线就是企业的发展路径。在这条路径上有三个困难:从需求到产品,从产品到生意,从生意到行业领导力。创业者想要跨越其中任何一个困难都实属不易。

1. 从需求到产品

从需求到产品是创业最艰难的阶段。这个过程包括两个主要阶段:找到正确的需求和评估需求的价值。

产品的价值在于满足客户的需求,而找到正确的需求是设计商业模式的前提。需求分为表象需求和本质需求:表象需求是指客户通过自身认知和经验做出的理解与描述,是客户在主观层面的第一反应;本质需求是客户内心深处急需满足的真正需求。

如果客户告诉你他需要一辆速度更快的车,这是他的表象需求。他的本质需求是希望更快地从一个地方到另一个地方。只有明确表象需求背后的本质需求,产品的开发方向才不会错。找到用户的本质需求后,还需要对需求进行价值评估。

需求价值包括需求的刚性、频次及满足这一需求的市场规模。那么如何进行需求价值评估呢? 我们可以结合具体场景,将尽可能多的需求进行罗列,然后按客户认为的重要程度、问题(痛点)的严重程度、达成收益的期待程度进行分级排序。

2. 从产品到生意

从产品到生意的过程需要经历两个维度的验证:用户验证和市场验证。用户验证是验证产品开发时设定的目标人群是否精准;市场验证是验证产品是否满足用户的需求、需求是否为刚需、需求频次的高低、需求频次不高的产品单次消费金额的大小、产品与竞争对手相比是否具有核心优势、产品的定价策略及营销渠道的选择是否正确等。

3. 从生意到行业领导力

从生意到行业领导力在这里不做叙述。

高校创新创业教育主要分为三个部分:创新训练、创业训练和创业实践。其中创新训练的目标是让学生能基于社会生活、企业生产中的各种问题,产生解决问题的初始构想,即创意。创意表述包括两种类型,即技术类产品创意和服务类产品创意,它们分别对应两种表述形式(表 1-2-1)。

因此,创业实务是在既有创意的基础上完成创业训练的学习过程。要实现从项目创意到商业模式设计,必须清楚地回答以下四个核心问题。

(1) 项目能给客户带来什么价值?

(2) 给客户带来价值后,你怎么盈利?

(3) 你有什么资源和能力来实现前两点?

(4) 你如何实现前两点?

表 1-2-1　创意表述的两种类型

类型	表述形式
技术类产品创意	＿＿＿＿＿＿＿＿ 产品，为 ＿＿＿＿＿＿＿＿＿＿ 客户，解决了 ＿＿＿＿＿＿＿＿ 场景中的 ＿＿＿＿＿＿＿＿＿ 问题，从而解决了 ＿＿＿＿＿＿＿＿（恐惧、痛苦、不便、烦恼），并且，因为 ＿＿＿＿＿＿ 功能，带来了 ＿＿＿＿＿ 的利益
服务类产品创意	＿＿＿＿＿＿＿＿ 产品，为 ＿＿＿＿＿＿＿＿＿＿ 客户，解决了 ＿＿＿＿＿＿＿＿ 场景中的 ＿＿＿＿＿＿＿＿＿ 问题，从而给客户 带来了 ＿＿＿＿＿＿＿＿＿＿＿＿ 感受；并且，因为 ＿＿＿＿＿＿ 设计，提升了 ＿＿＿＿＿ 的体验

在回答以上问题前，应明确客户需求是原点。客户需要时，创业者才有创业机会。那么如何发现创业机会呢？首先要了解一个完整的商业模式的运作逻辑，只有看清商业模式的全貌后才能找到创业的起点。

二、了解商业模式

商业模式主要回答商业经营中最重要的两个问题。

（1）企业如何为客户创造价值？

（2）给客户创造价值时，如何为企业创造价值？

商业模式作为一个系统，由复杂的要素构成。我们可以借鉴《迭代力：构筑未来商业的内在力量》一书中关于商业模式的定义：商业模式描述了企业如何针对目标客户的需求，创造商业模式中最具核心价值的三个组成部分——创造价值、传递价值、获取价值。这三个价值形成了环环相扣的闭环，三者缺一不可，少了任何一个，都不能形成完整的商业模式。

通俗地理解，商业模式就是一个公司通过什么方式或途径来盈利。能盈利的地方，就有商业模式。

三、掌握商业模式画布

为了便于理解，本书引用《迭代力：构筑未来商业的内在力量》一书中设计的一种商业模式，即迭代发展的方法和工具——迭代力商业模式画布（图 1-2-2）。

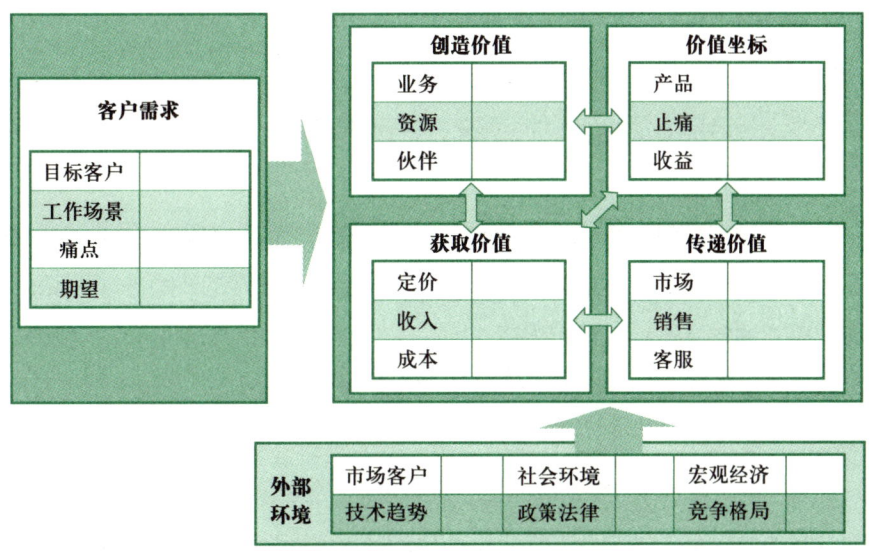

图 1-2-2　迭代力商业模式画布

该画布从五个层面出发,分析和描述项目的商业模式。

1. 客户需求

客户需求描述的是这个项目的目标客户是谁,工作场景是什么,目标客户在解决问题的过程中有什么痛点,目标客户对项目有什么样的期望。

2. 价值坐标

价值坐标描述的是针对目标客户的需求,这个项目可以提供什么样的产品或服务,产品或服务有什么价值,能帮目标客户解决什么问题或创造什么价值。价值坐标是产品或服务带给某一客户群体的价值,是一个项目或一家公司为客户提供的利益集合或组合。好的价值坐标包含两层含义:为目标客户带来了什么价值,以及和竞争对手比较,本产品或服务有什么独特的价值。

3. 创造价值

创造价值描述的是如何实现价值坐标,要完成什么任务才能研发出满足需求的产品,现在拥有什么资源,有哪些重要的合作伙伴可以提供帮助,需要通过哪些流程或活动来实现价值主张。这些流程或活动及其相关的资源与资质,包括依据公司的价值链所做出的协调,构成了创造价值的主要内容。创造价值的三要素包括关键业务、关键资源、合作伙伴。

4. 传递价值

传递价值属于企业的营销范畴,包括市场定位是什么,市场推广的渠道和方法,销售的类型和方法,如何传递和推广价值主张,以及服务客户的具体做法等。

5. 获取价值

获取价值描述的是企业的盈利模式、产品的定价方法、企业的收入模型和成本结构、市场规模等。

通过学习商业模式画布，可以了解创建一个企业的前期筹备工作，以及各环节的要点。当然，在运用迭代力商业模式画布时，也要考虑外部环境对企业生产经营活动的影响。

寻找商业模式与寻找创业机会不一样。要构建一个成功的商业模式，创业者首先要培养自己对商业模式的"触觉"，因为商业模式需要花费一定的时间去学习和研究。

商业模式触觉是一种认知和洞察能力。人的商业模式触觉不是与生俱来的，创业者可以通过不同方式来培养商业模式触觉，需要不断地观察、学习、实践及进行经验交流与探讨。

现代管理学大师彼得·德鲁克指出："创新是赋予资源创造财富的新能力，增加原有资源的价值就是创新。"如果我们仅停留在复制别人的商业模式层面，而没有自己的创新，是难以创造更大的价值的。

实际上，商业模式是创新开始的地方，创业者可以在商业模式画布的任何一格中进行创新，如新的价值主张、新的成本结构、新的合作伙伴、新的销售渠道、新的收入来源、新的业务流程、新的资源等。懂得如何在商业模式上创新，创业者就有机会做得比别人更好，从而使自己的产品占领更大的市场份额。创业过程实质上就是构建一个可行的商业模式的过程，也是对商业模式画布的部分或整体进行创新的过程。

📋 任务总结

任务检测

▷ 任务检测

请扫描二维码，测一测你对知识的掌握程度。

▷ 任务实施

分析吴小强的创业案例，结合你的实地调研情况，详细描述你的调研结果。

▷ 任务反思

实事求是地开展实地调研，掌握相关的资料，是创业成功的关键。因此，同学们要注意调研方式、沟通技巧，多角度地观察和了解调研区域的环境、政策和配套设施，掌握第一手资料。

请结合所学知识，填写思考笔记（表 1-2-2）。

表 1-2-2　思 考 笔 记

思考题目	记录
你所调研的区域商业经营活动处于什么阶段	
调研结果有哪些疏漏,数据有哪些偏差	
你对商业模式画布的哪个部分进行了创新	

》 拓展提升

借助互联网平台,搜索商业模式画布的相关知识,对照本项目的商业模式画布,进一步理解和掌握迭代力商业模式画布的架构和内涵,活学活用商业模式画布。

项目二

确定构思：关注客户需求

≫ **学习目标**

- 知识目标

(1) 明确评估客户需求的指标。

(2) 掌握实地访谈法和 SWOT 分析法。

- 能力目标

能够建构客户需求并进行可行性分析，确定企业构思。

- 素养目标

(1) 养成主动与目标客户沟通的习惯。

(2) 增强以人为本的意识。

创业实景

吴小强的创业故事(2): 访谈客户,确定构思

经过前期的实地调研,吴小强了解了揭东区玉石市场相关企业的经营情况和整个区域的营商环境,更加增强了他从事这个行业的信心。然后,他采用商业模式画布对乌木工艺饰品定制设计的创业构思进行了评估,与相关人员进行了深入的访谈,并通过 SWOT 可行性分析,重构了客户需求。他认为本项目的客户需求强、频次高、付费意愿强,能满足客户对生活品质的追求。基于此,吴小强认为该项目是可行的,他有信心落地实施,最终确定了创业构思。

思考与探究:

结合自己的创业项目,深入分析案例,思考如何开展创业环境的实地调研和分析。

案例动画: 吴小强的创业故事(2)

任务一 访谈目标客户

⊘ 任务先行

我们完成了创业环境调研,接下来借鉴吴小强的创业思路,利用商业模式画布,分析与重构客户需求,确定项目的目标客户、工作场景及客户的痛点和期望。

⚷ 任务解码

一、确定目标客户

几乎所有的产品都会瞄准一个客户群体,但这个群体只是潜在客户,而非目标客户。在初始阶段,因为人力、物力、财力等各种条件的限制,项目不可能满足所有潜在客户的需求,必须有所取舍。

目标客户的需求在整体方向上是一致的,但是个体的具体需求差异非常大。例如在同一个班里,所有人都想提高学习成绩,但有的人想重点提高专业课成绩,有的人想重点提高公共课成绩,他们的具体需求有很大差别。此外,为了让需求的定义更准确,还要将利益相关者分成不同的角色类型,划分不同的维度,他们会因身份的不同而有不同的需求(图2-1-1)。

商业的本质是交易,交易的前提是有人卖、有人买。在卖方市场,"卖什么"是初心;在买方市场,"希望买到什么"是原点,也就是需求。在部分行业产能过剩的当下,无论企业的理想有多高远,都必须回归原点,寻找需求。在复杂的商业环境下,研究客户比研究生意本身更重要,找准了需求,商业活动就成功了一大半。

很多消费者并不清楚自己需要的是什么。当问消费者想要一辆什么样的汽车时,

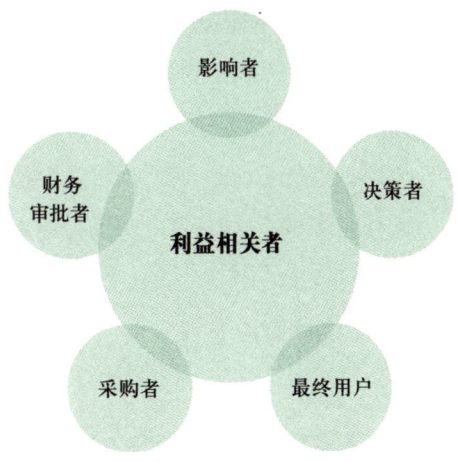

图 2-1-1 利益相关者的角色类型

大部分消费者会提出动力好、省油、安全性高等具体要求。可是当企业按照市场调查的结果制造出一辆这样的汽车时,会发现消费者或许并不买账。因此,做客户需求分析的

前提是确定"为谁解决问题"。

客户需求可分为三大类:基本需求、痛点需求和利益需求。客户的需求常常被惯性、疑虑、懒惰、习惯、冷漠伪装起来,创业者只有真正站在客户立场上,才能发现其潜在需求。

(一)基本需求

基本需求是指客户在工作或者生活中待完成的任务和需要解决的问题。基本需求可以分为三大类,分别是:社会性需求,如有人希望提升管理能力;情感性需求,如有人希望提升职业技能从而获得安全感;支持性需求,如有的行业或企业希望政府能出台相关文件加大扶持力度。

(二)痛点需求

痛点需求是指客户急需解决但暂未解决的需求。例如,共享单车满足的就是行人出行最后 1 公里的痛点需求——出租车成本太高,而走路花费一定的时间。

(三)利益需求

利益需求是指客户收获的功能效用、社会收益、积极情绪及省下来的成本。所谓"让客户尖叫",就是给予客户令其惊讶的利益,客户对收益描述得越具体、越具象,就越具有需求价值。例如,客户希望理财产品的收益越来越高是不够具象的需求,客户希望理财产品第一阶段的收益达到 1 万元的需求才是具象的需求。

在已完成的创意描述中,确定了"为谁解决什么场景下的什么问题"。这里的"谁"指的是目标客户,"什么场景下的什么问题"就是需求。然而,大多数的创业者之所以会以失败告终,是因为找到的需求是伪需求,也就是客户不急于马上解决的需求。这时就要对客户的需求做深入地分析和验证。

按以上关于需求的解释,结合你的创业项目,思考以下问题。

(1)客户需要完成哪些工作?

(2)在完成工作时,客户为什么会感到痛苦或感到烦恼?

(3)在完成工作时,客户有何种期望?

二、描述客户工作

客户工作是指客户正在或将要完成的事情及期待解决的问题或要满足的需求。在进行此项调研时,请务必从客户的角度进行分析。从调研者的视角分析得出的重要工作未必是客户正在努力完成的工作。客户要完成的主要工作分为以下几类。

（一）功能性工作

功能性工作描述了客户试图执行、完成的特定任务或解决的特定问题，如修草坪、健康饮食、写报告等。

（二）社会工作

社会性工作描述了客户想呈现给他人的气质，如看起来很时尚，或者让人感觉非常专业、干练。

（三）情感工作

情感工作描述了客户寻求的特定需求，例如，客户希望寻求内心的平静，或获得职业安全感。

客户工作的开展常常基于特定的场景而进行，对于客户而言，并非所有工作都具有相同的重要性。在其工作中，那些不能完成将会导致严重后果的工作是最重要的，其他工作可以暂时搁置。

三、分析客户痛点

客户痛点是指客户在完成工作时受阻，或产生的不良结果和感受。因此，解决客户的痛点问题也是创业过程中的重要内容。客户的痛点可以划分为三类。

（一）不想要的结果

这主要包括以下四个层面。

(1) 功能层面，如一个方案不起作用、运行不好或有其他负面影响。

(2) 社会层面，这件事情会产生不好的社会影响。

(3) 感情层面，如每次做这件事时都感觉很差。

(4) 辅助层面，如不愿意为此付出更多，这可能会出现客户不想要的情况。

（二）障碍

障碍是指妨碍客户开始工作或使工作进展受阻的因素。例如，没有时间、没有精力完成此项工作，或无力承受现状。

（三）风险

风险是指可能导致错误或有重大负面影响的事情。例如，选择隐瞒事实真相的方案可能会失去信誉，或现有方案存在灾难性的安全漏洞。

客户的痛点可能会很普通，也可能很极端。在分析时，建议将工作、痛点、收益区分清楚，并尽可能地具体化。例如，当客户说"在线等待是浪费时间"时，就需要跟踪了解具体多少分钟的等待时间会让客户觉得是在浪费时间，并加以备注。只有将客户的痛点量化，才能在价值主张中更好地设计痛点解决方案。

四、了解客户收益期望

客户对产品或服务有很多期望，但不能全部实现。因此，要关注哪些是对客户有特别意义的且很重要的收益。有些收益是客户所需要、期望或渴望的，有些是令他们意想不到的。收益包括功能效用、社会收益、积极情绪和费用节省等，客户收益大致分为四类。

（一）必需的收益

在解决方案中，如果没有必需的收益，那么整个方案就不能运行。例如，用户对手机的必需收益期望是能用其通话。

（二）期望的收益

在解决方案中，期望的收益相对来说是最基本的，没有此项收益会影响整个方案的运行。例如，客户除了希望手机能通话，还希望手机的信号稳定，能覆盖范围更广的地方。

（三）渴望的收益

渴望的收益是指超出客户的基本期望且受人喜欢的收益。在向客户了解有关情况时，他们通常会提出一些想法，如希望智能手机的某些功能能与其他电子产品无缝衔接。

（四）意外的收益

意外的收益是指远远超出客户预期的收益，即在向客户了解情况时，他们一般不会提出的超前想法。

客户的收益可能是必需的，也可能是额外的，最好将收益尽可能地具体化，以清晰地区分工作、痛点及收益。当一位客户指出要以"更好的表现"作为其渴望得到的收益时，要继续跟进了解其希望达到的程度。只有这样，才能对此注明："希望 ×× 性能超越 ×××。"

五、明确客户需求

至此，需要我们动手完成以下问题清单，并将答案填入价值主张画布中的"客户"部分，以确定客户需求。

（1）节约哪项成本会使你的客户满意？是时间、金钱还是精力？

（2）客户希望产品的质量达到什么级别？是级别高一些还是低一些？

(3) 客户最喜欢产品的哪个特性? 希望产品呈现什么样的效果?

(4) 怎样能使客户的工作或生活更加轻松? 能否提供更多的服务? 是否有更低的经营成本?

(5) 客户希望得到什么样的社会影响? 怎样能提升他们的权益?

(6) 客户最迫切的需求是什么? 是最好的设计、保障、还是更强的性能?

(7) 客户希望得到什么? 什么能让他们感到愉悦?

(8) 客户如何衡量成功和失败? 他们如何评估产品的表现和价格?

(9) 如何能提高客户对价值主张的认可度? 他们希望用更低的费用、更少的投资、更低的风险获得更好的质量吗?

需求就是理想与现实之间的差异。当人们对现状不满时,便产生了需求。有了需求,才能产生购买行为。每个人或企业购买产品或服务的最终目的是解决痛苦、避免风险、实现目标。然而,并非所有需求都会产生购买。因此,创业者必须对找到的需求做进一步分析与评估。

综上所述,通过确定目标客户、工作场景及客户的痛点和期望,掌握项目的目标客户是谁、工作场景是什么、目标客户在解决问题的过程中有什么痛点、目标客户对项目有什么样的期望,才算完成了访谈,才能够为评估企业构思提供可行性依据。

任务总结

任务检测

> 任务检测

请扫描二维码,测一测你对知识的掌握程度。

> 任务实施

分析吴小强的创业故事,详细描述你的创业项目的目标客户、工作场景、客户痛点和期望。

> 任务反思

确定项目构思要从客户的需求入手,如果需求分析不到位、客户痛点不聚焦、客户期盼得不到满足,项目将会以失败告终。因此,我们必须反复验证项目构思,多问问客户,请教自己的专业老师或有创业经验的学长,吸纳他们的意见和建议,优化、完善项目的目标客户画像。

请结合所学知识,填写思考笔记(表 2-1-1)。

表 2-1-1　思 考 笔 记

思考题目	记录
客户的痛点是不是其最紧迫的需求	
客户的期盼是否真正得到响应并实现	

任务二 评估企业构思

微课：评估
企业构思

任务先行

在确定客户需求后，需要利用评估指标评估客户需求，并利用 SWOT 分析企业构思，最终确定项目的客户需求。

任务解码

一、掌握评估指标

客户需求主要从四个维度进行评估。

（一）需求刚性

需求刚度是指客户需求的强度和频次，以及购买产品或服务能带来的收益的强度和频度。如果客户对解决痛点问题的意愿非常强烈，或者购买产品能给客户带来期望的收益，那么说明客户的需求刚性很强。

（二）工作场景

工作场景是指客户的购买行为是基于何种场景、要完成什么任务、要解决哪类问题。需要注意的是，工作场景具有偶发性和必然性。

（三）需求大小

需求大小是指市场规模、增长速度及是不是风口行业。市场规模主要看潜在客户的数量，增长速度主要看市场是增量市场还是存量市场，风口主要看市场目前是否处于边缘、未来是否能成为主流。

（四）付费意愿

付费意愿是购买行为的基础，是指客户付费购买某种特定产品的主观概率或能力，是客户对产品或服务的估价或愿意付出的代价。付费意愿直接决定了客户是否会有消费行为，以及采取特定消费行为的可能性。

二、重构客户需求

（一）影响需求刚性的主要因素

客户的需求在本质上是被构建出来的，不同的客户在不同的场景下有不同的需求，影响需求刚性的主要因素是强度和频次。

1. 需求强度

需求强度是指客户对某种商品的需求迫切程度，分为强需求和弱需求。强需求是强烈必需的，而弱需求是有弹性的、可选的。如果一种需求在市场中是十分必要、不能缺少的，就像人不能缺少空气一样，那么这种需求就是强需求。因为少了这种需求，人们生活的某些方面就不能顺利进行。要想提升需求强度，要解决的是如何让客户对产品或服务产生很强的依赖感。

2. 需求频次

需求频次是指客户和产品建立关系的频率，分为高频和低频。高频是指客户会经常使用、反复购买，低频则与之相反。如果市场常常出现对某种或某些产品的需求，如对钢、铁、煤、电的需求（在相当长的一段时间内，各个行业的发展都离不开它们），那么这些产品的需求频次就很高。

人们日常所说的刚需是指强度高同时频次也高的需求。然而，从提高强度和提高频次两个方向构建客户需求时，非刚需也可能是很好的创业选择。

（二）提高强度和频次的方法

一般来说，提高强度和频次的方法主要有以下两点（图 2-2-1）。

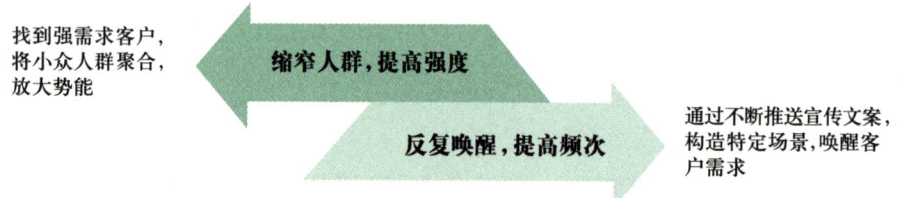

图 2-2-1 提高强度和频次的方法是强度和频次

1. 提高强度

通过缩窄人群来提高强度，也就是找到强需求客户，将小众人群聚合以放大势能。

2. 提高频次

通过不断地推送宣传文案，构造特定场景，反复唤醒客户需求。

三、分析企业构思

（一）了解外部环境

商业模式是在特定的环境下被设计和执行的，主要受以下三个因素的影响（图2-2-2）。

日渐复杂的经济环境	更大的不确定性	严峻的市场革新
如移动互联网、共享商业模式	如AI、区块链等技术创新	如竞争对手颠覆性的价值主张

图2-2-2　影响商业环境的三大因素

影响商业模式设计和执行的主要因素有六种，即市场客户、技术变化、人文习惯、政策法规、宏观经济、竞争对手。

1. 市场客户

影响市场客户变化的三要素包括整体市场变化、客户群体变化和客户需求变化。

（1）整体市场变化。从客户的角度识别出驱动和改变市场的关键问题，如消费升级、个性化需求快速增长、物质需求过渡为精神需求等。

（2）客户群体变化。识别主要的目标群体，描述他们的兴趣点，尝试发现新的群体，如"70后""80后""90后""00后"有着不同的消费偏好。

（3）客户需求变化。列举市场需求，并分析这些需求被满足的程度，如口红不再是女性的专属消费品，部分追求精致的男性对此也有一定的需求。

2. 技术变化

技术的变化会影响商业模式的变化，新能源、新材料、智能网联、人工智能等新技术能促使商业模式再创新。

3. 人文习惯

互联网的普及带来的网络文化现象是影响商业模式的新趋势。

4. 政策法规

政策法规的红线不可碰触，用好政策法规能助力创业成功，如生育政策的变化带来了儿童及母婴消费市场的爆发等。

5. 宏观经济

了解宏观经济的变化可以帮助创业者有效规避创业风险。对宏观经济的有效借势，能提升眼界，打开格局，对项目选择、商业逻辑的评判都有极大的帮助。从某种意义上说，影响大学生创业项目成败的重要因素之一，就是对宏观经济变化的解读能力。但了解宏观经济的变化情况是在校生的弱项，同学们应该积极主动地学习，不断提升自己的认知。

6. 竞争对手

现有的竞争对手、新进入市场的竞争对手、替代的产品或服务、供应商和价值链上的其他厂商及利益相关者都会影响价值链的变化。

（1）现有的竞争对手。识别现有竞争对手和他们的相对优势，有助于创业者明确创业项目的优势和劣势。

（2）新进入市场的竞争对手。创业者应随时识别新的、突然出现的竞争者，并且审视他们的商业模式是否与你的有所不同。

（3）替代的产品或服务。主要是指潜在的替代品，包括那些面向其他细分市场的产品或服务。

（4）供应商和价值链上的其他厂商。描述你所在的市场价值链中现有的关键竞争对手，并且找出新进入市场的竞争对手。

（5）利益相关者。识别出哪些人会影响你的商业模式。

（二）进行 SWOT 分析

利用 SWOT 分析企业构思，可以帮助你聚焦可能存在的问题和具备的潜在优势，使你明确你的企业构思是否合适、是否经得起推敲、是否具有竞争力和盈利能力。

1. 了解 SWOT 分析法

SWOT 由 Strength（优势）、Weakness（劣势）、Opportunity（机会）、Threat（威胁）四个英文单词的第一个字母组合而成。SWOT 分析法是用来分析、评估企业自身的优势、劣势和外在的机会、威胁，从而使企业内部资源与外部环境有机结合起来的一种分析方法。进行 SWOT 分析时要仔细考虑，并写下自己企业的所有优势、劣势、机会、威胁。

（1）优势和劣势是存在于企业内部的、可以改变的因素。优势是指创办企业的有利因素。例如，你计划销售比竞争对手质量更好的产品，或提供更优质的服务，或你的商店位置非常有利，或你的员工的技术水平更高。劣势是指创办企业的不利因素。例如，你的产品或服务比竞争对手的价格更贵，或是你没有足够的资金按自己的意愿开展促销活动,或你无法像竞争对手那样提供综合性的系列服务等。

(2) 机会和威胁是存在于企业外部的、难以改变的因素。机会是指周边存在的、对你创办企业有利的事情。例如,你想销售的产品越来越流行,附近没有类似的企业;或周边正在建设许多新的住宅小区,潜在的顾客数量将会上升等。威胁是指周边存在的,对你创办企业不利的事情。例如,在这个地区有新的竞争对手进入,导致你销售的产品的原材料价格上涨或服务价格上涨,或你不知道你销售的产品或服务还能流行多久等。

2. 运用 SWOT 分析法

按照表 2-2-1 进行 SWOT 分析后,你应该能够对企业构思的可行性做出判断。尽量发挥并放大你的优势,克服并设法弥补你的劣势或使它们变得不那么重要;抓住机遇,防御或消除风险和威胁;然后再整合相关资源,调整经营策略,以达成创业目标。

表 2-2-1　企业构思 SWOT 分析

	S(Strength) —— 优势	W(Weakness) —— 劣势
企业内部资源	**潜在的内部优势:** 产品技术先进 成本优势 具有规模经济 良好的财务资源 高素质的管理人员	**潜在的内部劣势:** 设备老化 产品线太窄 技术开发滞后 营销能力低于竞争对手 不明原因导致的利润下降
	O(Opportunity) —— 机会	T(Threat) —— 威胁
企业外部环境	**潜在的外部机遇:** 纵向一体化 市场增长迅速 能争取到新的用户群 有能力进入更好的集团 在行业竞争中业绩优良 政府出台扶持性政策	**潜在的外部威胁:** 市场增长比较慢 竞争压力大 不利的政府政策 新的竞争者进入行业 替代产品的销售额正在逐步上升 用户的议价能力变强

任务总结

任务检测

➤ 任务检测

请扫描二维码，测一测你对知识的掌握程度。

➤ 任务实施

结合你的创业项目，描述项目的客户需求和 SWOT 分析。

➤ 任务反思

通过分析，我们重构了客户需求，也进行了 SWOT 可行性分析，但还有没有分析不到位的地方呢？这需要我们反思，多请教自己的专业老师或有创业经验的学长，吸纳他们的意见和建议。

请结合所学知识，填写思考笔记(表 2-2-2)。

表 2-2-2 思 考 笔 记

思考题目	记录
你拟创立的企业的外部环境如何	
你的企业的优势和劣势分别是什么	

≫ 拓展提升

完成了企业构思的验证，需要深入了解宏观环境和市场状况，请判断你的创业项目的所属行业，搜集行业研究报告，整理、分析近三年的行业动态、市场规模、发展趋势等资料，作为项目落地和发展的支撑材料。

项目三

分析需求：提炼价值主张

» **创路领航**

万物得其本者生，百事得其道者成。

——《说苑》

» **学习目标**

- 知识目标

(1) 理解价值主张的内涵。

(2) 掌握提炼价值主张的方法。

- 能力目标

(1) 能够应用价值主张画布。

(2) 能够提炼优秀的价值主张。

- 素养目标

培养精益求精的工匠精神。

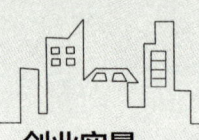

创业实景

吴小强的创业故事(3): 针对企业构思,提炼价值主张

经过前期的实地调研和构思验证,针对客户的需求和期望,吴小强罗列出为目标客户提供乌木类原材料加工定制类产品和标准类产品两大业务清单,设计了价格实惠、款式新颖的标准类产品和 A、B 套餐,以及定制类产品的痛点解决方案,提出了见效显著的收益创造方案,经过反复提炼,确定了将项目打造为"职业女性乌木饰品的专属管家"的价值主张,高度契合目标客户的需求。

思考与探究:

深入分析案例,结合自己的创业项目,思考项目的产品或服务清单、痛点解决方案和收益创造方案,绘制价值主张与客户需求的契合度分析图,提炼出项目的价值主张。

案例动画: 吴小强的创业故事(3)

任务一　应用价值主张画布

任务先行

通过分析吴小强的创业故事,学习应用价值主张画布的方法,罗列出针对特定细分市场的产品或服务清单,设计痛点解决方案和收益创造方案,提炼、说明项目的价值主张。

任务解码

一、罗列产品和服务清单

为展示企业的价值主张,需先罗列出产品或服务清单,明确哪些产品或服务可以满足客户的需求或解决他们的问题。这个清单可以帮助客户更好地了解企业的业务,同时也有助于企业明确自身的业务范围和潜在的市场机会。

需要注意的是,产品或服务不能单独创造价值,只有在特定客户群及与客户的痛点和收益相关联时才能创造价值。因此,在罗列产品或服务清单时,创业者应关注产品或服务与目标市场的关联性,以便更好地满足客户的需求并创造价值。

产品或服务有四大类,包括有形的、无形的、数字的、财务的。

（一）有形的

这些产品是实物,看得见、摸得着,如手机、电脑、电视、汽车等。这些产品可以通过销售实体物品等方式提供给客户,从而满足他们的需求、解决他们的问题。

（二）无形的

这些产品是无形的,也可以是某种服务,如餐饮、旅游、医疗、教育等。企业可以通过提供不同的解决方案来满足客户的特定需求、解决他们的问题。

（三）数字的

这些产品是一种数字产品,如电子书、音乐、电影、电子游戏等。这些数字产品可以通过在线销售或下载等方式提供给客户,从而满足他们的需求、解决他们的问题。

（四）财务的

这些产品是一种财务产品,如保险、基金、股票、债券等。这些财务产品可以通过销售虚拟数额等方式提供给客户,从而满足他们的需求、解决他们的问题。

总之，产品或服务清单可以包括各种不同的产品或服务，这些产品或服务可以满足不同客户的需求，从而实现商业价值。

二、设计痛点解决方案

痛点解决方案是指针对客户在某些方面的问题和需求，提供具体的产品或服务，以解决客户的痛点，并创造相应的收益。创业者可以通过市场调研和分析，了解客户的需求和痛点，从而设计和开发出相应的解决方案。

痛点解决方案用来描述产品或服务如何让特定客户避免或者减轻不良体验。创业者可以结合自己的创业项目思考以下问题，并提出具体的解决策略，消除或减少客户的困扰。

(1) 能够节省客户的时间、金钱或精力吗？

(2) 能够解决那些令客户头疼的问题及其他相似的困境，从而使客户更舒心吗？

(3) 能够提供特色鲜明、表现良好、品质更优的产品或服务吗？

(4) 能够使工具更易操作或消除障碍，从而解决客户所面临的困难和挑战吗？

(5) 能够消除客户遭遇的丢面子、信任缺失及地位丧失等负面社会效应吗？

(6) 能够消除金融、社会、技术风险，或是其他风险吗？

(7) 能够帮助客户解决麻烦、减少顾虑、消除担忧吗？

(8) 能够帮助客户避免常规失误吗？

(9) 能够降低投资成本，减少预付投资成本吗？

以下是为一个健身爱好者设计的痛点解决方案（表 3-1-1）。

表 3-1-1　健身爱好者的痛点解决方案

方案制定步骤	描述
痛点分析	健身爱好者在健身过程中可能会遇到很多问题，如肌肉酸痛、疲劳、受伤、缺乏动力等，这些问题可能导致他们无法坚持健身或无法达到预期的健身效果
设计解决方案	针对这些问题，可以提供相应的解决方案，例如： (1) 针对肌肉酸痛和疲劳：提供专业的健身营养品，如蛋白质、维生素、能量棒等，以提供能量、缓解疲劳； (2) 针对受伤：提供专业的运动康复治疗和按摩服务，以缓解疼痛、促进康复； (3) 针对缺乏动力：提供专业的健身指导和计划，如私人教练、在线课程等，以激发健身热情

续表

方案制定步骤	描述
开发产品或服务	针对上述解决方案,可以开发相关的产品或服务,例如: (1) 健身营养品:可以提供不同种类和口味的蛋白质、维生素、能量棒等,以满足健身人群的不同需求; (2) 运动康复治疗和按摩服务:可以提供专业的治疗和按摩服务,或提供治疗仪和按摩仪,帮助健身爱好者缓解疼痛、促进康复; (3) 健身指导和计划:可以根据健身人群的不同的健身目标,提供个性化的健身方案和训练计划,以激发健身爱好者的热情,实现健身目标

总之,痛点解决方案应该针对客户最急需解决的几个痛点,创造相应的价值。同时,方案应该剔除一般性的痛点,避免对解决问题造成干扰。

三、设计收益创造方案

收益创造方案是一种工具,用于描述产品或服务如何创造收益。它明确地描述了打算向客户提供哪些产品或服务,以及能够达到的使用结果和效益,以使客户愿意购买或使用产品或服务。它关注的是客户的需求和痛点,以及如何通过产品或服务解决痛点、满足需求,从而为客户创造价值。收益创造方案通常包括以下内容。

(一) 功能效用

功能效用是指产品或服务的基本功能和特点,以及如何满足客户的特定需求。

(二) 节约成本

节约成本是指客户使用产品或服务可以节省的时间、金钱和精力等成本,以及如何通过使用产品或服务获得更多的收益。

(三) 积极情感

积极情感是指产品或服务带给客户的良好情感体验,如安全感、满足感、愉悦感等,以及如何让客户感受到产品或服务的品质和特色。

通过明确的收益创造方案,可以有效地吸引和留住目标客户,同时也可以提高品牌知名度和客户忠诚度,从而为企业创造可持续发展的商业价值。

只有与客户的痛点和利益相关联,产品或服务才有价值。创业者可以从以下几个问题入手考查自己的创业项目,实现客户基本的、期待的或意想不到的愿望。

(1) 节约客户的时间、金钱和精力,可以令客户兴奋不已吗?

(2) 提供高质量的产品或服务,可以创造出客户期待的、甚至是超出客户预期的结果吗?

（3）在具体表现、特色和品质方面超越现有的价值主张，可以令客户欣喜若狂吗？

（4）通过更出色的使用体验、更完善的售后服务、更低的持有成本，可以令客户的工作和生活更为顺畅吗？

（5）可以使客户看起来更体面，或是促使其社会地位进一步提升，从而为客户创造正面的社会效益吗？

（6）能在良好的设计、可靠的保障、突出的特色等方面满足客户的需求吗？

（7）能帮助客户实现抱负、消除困境，从而达成梦寐以求的愿望吗？

（8）能以更好的绩效、更低的成本要求，实现客户期望的正面结果吗？

（9）能通过更低的成本、更少的投资、更小的风险、更好的品质、更优的设计，让价值主张的应用更为容易吗？

以下是为一个健身器材公司设计的收益创造方案（表3-1-2）。

表3-1-2　健身器材公司的收益创造方案

方案制定步骤	描述
分析目标客户	首先需要明确目标客户是谁，是健身爱好者、上班族还是中老年人
分析客户需求和痛点	分析目标客户的需求和痛点，如客户希望在家中锻炼身体，但担心没有专业的健身器材或没有专业的健身指导等
设计收益创造方案	基于目标客户的需求和痛点，提出相应的收益创造方案，如提供一款智能健身器材，可以让客户在家中锻炼身体，并且可以通过手机APP获得专业的健身指导，甚至可以量身定制健身计划。 （1）收益来源：针对收益创造方案，可以分析收益来源，如可以通过销售器材、提供会员服务、销售专业健身指导课程等方式创收； （2）成本估算：针对收益来源，可以估算成本，如器材购买成本、会员服务成本、课程开发成本等； （3）收益计划：基于收益来源和成本估算，可以制定收益计划，如预计销售多少器材、提供多少会员服务、销售多少专业健身指导课程等，以实现商业价值

总之，收益创造方案应该基于目标客户的需求和痛点，满足目标客户相应的期望或提供相应的效益，并明确产品或服务的收益来源和成本估算，从而为企业创造可持续性发展的商业价值。

📖 任务总结

➢ 任务检测

请扫描二维码,测一测你对知识的掌握程度。

任务检测

➢ 任务实施

参照吴小强的创业故事,分析并制定你的创业项目的产品或服务清单、痛点解决方案和收益创造方案。

➢ 任务反思

优质的产品或提供服务是创业成功的关键,通过挖掘产品或服务清单、设计痛点解决方案和收益创造方案来完成价值主张设计,执工匠之心,提高产品质量和服务品质,精准对接客户需求,满足客户的期盼。因此,我们必须不断地反复验证方案,多问问客户,请教自己的专业老师或创业成功的学长,吸纳别人的意见和建议,以打磨好自己的产品或服务。

请结合所学知识,填写思考笔记(表 3-1-3)。

表 3-1-3 思 考 笔 记

思考题目	记录
你的产品或服务清单体现了客户的什么需求	
你的痛点解决方案和收益创造方案是以何种方式满足客户的期盼的,它们如何创造商业价值	

任务二　提炼优秀价值主张

任务先行

　　完成了产品或服务清单、痛点解决方案和收益创造方案的设计，接下来，我们要分析价值主张与目标客户需求的契合度，明确产品或服务关注的痛点和利益点，精益求精，提炼出优秀的价值主张。

任务解码

一、了解优秀价值主张

　　（一）优秀价值主张的特征

　　优秀价值主张用来描述客户使用产品或服务后，预计能够获得的、可量化的收益。优秀的价值主张具有以下特征。

　　（1）能被整合到优秀的商业模式中。商业模式是利益相关者的动态合约结构，一个良好的商业模式可以迅速适应市场变化，为价值主张提供良好的成长环境。

　　（2）聚焦客户最关注的目标、痛点和利益。

　　（3）聚焦客户未达成的目标、未解决的痛点、未获得的利益。

　　（4）聚焦少数几项目标、痛点和利益，但能做到极致。

　　（5）不囿于功能型目标，致力于实现情感型目标和社会型目标。

　　（6）与客户衡量成败的标准一致。

　　（7）聚焦多数人会有、部分人会花大价钱去实现的目标、痛点和利益点。

　　（8）能与竞争对手的客户目标、痛点和利益点的实现方案有所区别。

　　（9）至少有一项远胜对手的绝对优势。

　　（10）难以被复制。优秀价值主张具有独特性，难以被竞争对手复制，从而能够为公司提供可持续的竞争优势。

　　（二）具有优秀价值主张的公司

　　1. 小米

　　小米的核心价值观是"追求卓越、专注用户、开放合作、诚信正直、创新进取、感恩奉献"，始终追求卓越的产品和服务，不断创新和改进，以满足用户的需求。产品和服务不仅具有高品质和高性能,还具有较高性价比,能让更多的人享受科技的乐趣。小米秉承开放的态度,与合作伙伴、开发者、用户共同发展,通过与生态链合作伙伴共同研发、生产、销售产品,实现了产业链的共同发展。

2. 大疆

大疆是一家专注于无人机领域的科技公司,通过提供卓越的产品和服务,满足用户对安全、高效、智能的无人机需求。大疆注重长期的客户满意度和忠诚度,以"让生命更丰富"为使命,致力于将科技与文明的力量和每个人的生命紧密相连;聚焦用户最关注的目标(如安全、效率、易用性)和利益点(如降低工作风险、提高工作效率、提升工作体验),并致力于在这些方面做到极致;倡导"秉持公心、反思自省、求真品诚、激极尽志、积极正向、知行合一"的价值观,鼓励每一个人在做事的过程中探索自我、磨砺自我、收获成长,致力于成为持续推动人类文明进步的科技公司。

3. 娃哈哈

娃哈哈以健康、快乐、活力为产品理念,以零添加、零防腐、零污染为生产标准,以年轻化、高端化、健康化、饮品化为产品定位,打造让消费者放心、让年轻人喜欢的健康饮品;以"家文化"为核心,倡导家国情怀,弘扬"团结、奋进、实干、创新"的企业精神,致力于打造具有国际竞争力的饮料企业;以消费者为中心,以市场为导向,以渠道为基础,构建了完善的销售服务体系,为消费者提供全方位、高品质的产品和服务。

二、提炼优秀价值主张

一个创业项目的生命力源自客户需求。优秀的价值主张能够与目标客户的需求高度契合,这需要创业者对比客户群像和价值主张的画布信息,坚守精益求精的匠心精神,从客户的角度对产品或服务进行聚焦和取舍。

分析价值主张与目标客户需求的契合度,需要对比客户群像和价值主张的画布信息,并立足客户需求,判断哪些目标、痛点和收益点需要放弃,哪些需要处理或满足(图3-2-1)。

分析价值主张与目标客户需求的契合度是提炼价值主张的关键一步,可以帮助创业者更好地理解产品或服务是否满足目标市场的需求,具体的分析步骤如下。

(一)理解价值主张

首先,创业者要清晰地理解创业项目的价值主张。这可能涉及产品或服务的特点、项目的竞争优势,以及项目如何满足客户的特定需求。

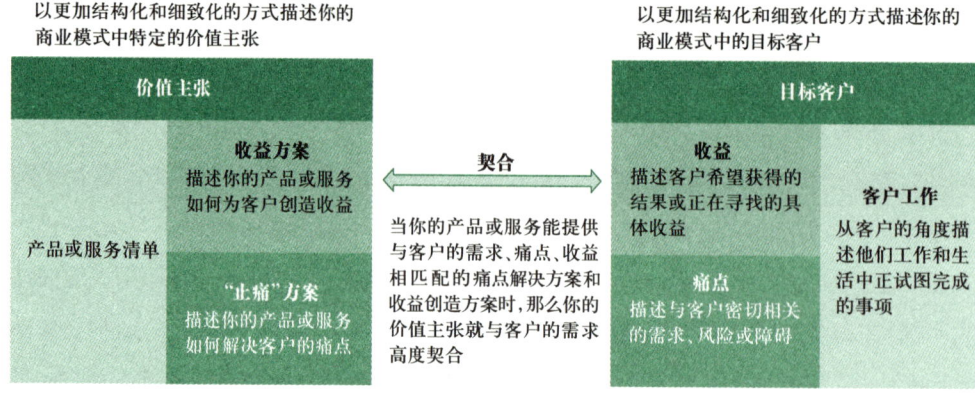

图 3-2-1 价值主张与目标客户的需求契合度分析

（二）定义目标客户

明确创业项目的目标客户群，这将帮助创业者更好地理解客户的需求和痛点，以及客户的购买行为。

（三）分析目标客户的需求

收集目标客户的相关信息，包括他们的需求、痛点和面临的挑战，这可以通过市场调研来完成。

（四）将价值主张与客户需求进行对比

将创业项目的价值主张与目标客户的需求进行对比，可以帮助创业者理解创业项目的产品或服务是否解决了客户的痛点、满足了客户的需求。

（五）评估契合度

基于上述的对比结果，评估价值主张与目标客户需求之间的契合度。高契合度意味着创业项目的价值主张很好地满足了客户的需求，而低契合度则表示该项目的价值主张并没有解决目标客户的问题或难以满足他们的需求。

（六）调整价值主张

如果发现价值主张与目标客户需求之间的契合度不高，则需要调整创业项目的价值主张，以更好地满足客户的需求。

（七）建立信任

确保创业项目的产品或服务的实际表现与创业者的价值主张保持一致，使客户建立起对该项目的信任。

记住，提炼优秀价值主张是一个持续的过程，创业者可能需要不断地调整和优化价值主张，以更好地满足目标客户的需求。

📑 任务总结

> 任务检测

请扫描二维码,测一测你对知识的掌握程度。

任务检测

> 任务实施

参照吴小强创业案例,分析你的创业项目的价值主张与目标客户的需求契合度,提炼出优秀的价值主张。

> 任务反思

只有在价值主张与目标客户的需求契合度分析上下足功夫,找到最佳契合点,才能提炼出优秀的价值主张。这需要我们多反思,多请教自己的专业老师或创业成功的学长,吸纳他们的意见和建议。

请结合所学知识,填写思考笔记(表 3-2-1)。

表 3-2-1 思 考 笔 记

思考题目	记录
你的价值主张有哪些独有的特征	
你的价值主张还可以从哪些方面进一步优化	

≫ 拓展提升

为了更加深入理解提炼优秀的价值主张的重要性,请你前往与创业项目所属行业的相关企业,或通过互联网搜集相关资料,从企业的品牌定位、品牌理念、品牌文化和品牌服务等方面了解该企业的价值主张,通过对比分析,找出自己创业项目的优劣势和创新点。

项目四

创造价值·实现价值主张

» **创路领航**

合抱之木,生于毫末;九层之台,起于累土;千里之行,始于足下。

——《道德经》

» **学习目标**

- 知识目标

(1) 了解产品价值的三要素。

(2) 熟知产品价值的实现路径。

(3) 掌握产品价值的评估指标。

- 能力目标

(1) 能够运用指标评估产品价值,创新商业模式。

(2) 具备跨界整合的能力。

- 素养目标

树立互利共赢的合作理念。

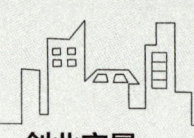

创业实景

吴小强打算将项目打造为"职业女性乌木饰品的专属管家",提出了产品和服务的价值主张,经反复验证,梳理出项目的关键业务、关键资源和合作伙伴,以乌木定制类产品的开发为经营内容,聚焦客户痛点,提高利润空间;以"短视频 + 商城"的销售方式吸引客源,增加流量,提高客户黏性,同时提高客户对产品制作过程的知情度,让客户参与设计和加工过程,实现与客户的共生、共长、共赢,与客户共同创造产品价值。

最后,利用关键业务指标、关键资源指标、伙伴关系指标评估设计好的商业模式,聚焦项目的价值主张,为企业及参与方创造价值,实现多方的利益增长。

思考与探究:

深入分析案例,结合自己的创业项目,梳理项目的关键业务、关键资源和合作伙伴,对应评估指标,思考项目能否构成可持续性发展的商业模式。

案例动画: 吴小强的创业故事(4)

任务一　探究产品价值

⊘ 任务先行

通过分析吴小强的创业故事,了解商业模式的关键业务、关键资源和合作伙伴的内涵与关系,掌握产品价值的核心要素,梳理出你的创业项目的关键业务、关键资源和合作伙伴。

⚷ 任务解码

一、了解关键业务

(一) 关键业务的类型

关键业务指的是企业得以成功运营所实施的重要经营活动,是为了确保企业的正常运营而必须做的最重要的事情。这些业务是企业创造和提炼价值主张、接触市场、维系客户关系并获得收益所必需的经营活动,大致分为制造产品、解决问题、运营平台或网络三种类型。

1. 制造产品

制造产品指的是企业生产一定数量且满足一定质量的产品。制造产品是商业模式的核心,除了产品工艺和成品,还包含如何通过精细化的管理,拉动客户的消费需求,从而让整个生产链高效运作起来。例如,很多企业在生产管理上存在漏洞或者缺陷,一些企业在生产过程中原材料采购过多,在库房存储很长时间,这无疑是一种无形的浪费。在商业模式中,我们要仔细思考,如何在最短的时间内设计和生产出客户所需要的产品。

2. 解决问题

解决问题指的是企业为客户所烦恼的问题提供全方位的、可持续的解决方案,如咨询公司的关键业务就是解决问题,这类商业模式包括知识管理及持续的培训活动等。大部分互联网公司立足的根本,就是解决客户的痛点、满足客户的需求。但这种关键业务会随着企业对客户需求的不断挖掘、客户需求的自行改变和企业自身生存环境的变化而发生改变,因而需根据具体情况构建相应的流程标准,以满足客户的需求。

3. 运营平台或网络

运营平台或网络指的是以平台为核心的商业模式，其关键业务与平台或者网络密切相关，网络服务、交易平台、软件等都可以作为平台。这个类型的关键活动涉及平台的管理、新服务的启动及平台的运营和升级，这种商业模式的核心竞争思维是吸引用户、抢占流量。因此，平台的参与者越多，平台创造的价值就越大；平台的价值越大，能够吸引的参与者就越多。在平台上，多方利益体可以在平等的基础上建立一种多方共建、资源共享、互利共赢的生态圈。简单来说，平台的战略核心就是构建多方利益体，以实现互利共赢的平台生态圈。例如，大家经常点外卖的平台"饿了么"就是一个双边平台：一侧是通过"饿了么"订外卖的海量客户，另一侧是提供外卖服务的海量餐厅。因此对于一个双边平台而言，平台的运营就变得非常重要。简单来说，在客户一侧，平台需要不断地吸引新客户，不断壮大品牌，从而在客户中获得良好口碑；在商家一侧，平台要不断激励新商家入驻，让商家有收益，同时也要对食品安全和出餐速度进行监管。

（二）确定关键业务的方法

所有想要把自己的商业模式打造成爆款的企业，都必须时刻关注以下问题，明确关键业务，或者调整、提升和优化企业的关键业务。

（1）要实现价值主张，需要哪些关键业务？

（2）要开拓渠道通路，需要哪些关键业务？

（3）要维护客户关系，需要哪些关键业务？

（4）要增加收入来源，需要哪些关键业务？

二、了解关键资源

（一）关键资源的类型

关键资源是保证项目的价值主张成为商业模式，并且顺利运行所需的最重要的资源。不同类型的商业模式依靠不同的关键资源，只有清楚创业项目所需的关键资源，才能进一步设计适合企业经营的商业模式。关键资源可以自有，也可以通过租赁获得，或者从重要的合作伙伴处获得，主要包括实物资源、知识性资源、人力资源和金融资源四种类型。

1. 实物资源

实物资源指的是实体的资产或资源，如土地、厂房、生产设备、机器等实物。例如，中国移动正是因为基站设施覆盖面广，才保证了信号的质量和接通率。企业对原材料的需求也是获取实物资源的一个重要组成部分,如茅台酒厂因为地理位置独特而拥有酿酒的优质水源。

2. 知识性资源

知识性资源指的是企业生产经营需要的某种智力资产,也是一个企业需要时刻保护的宝贵能力,如品牌、专营权、专利权、版权、商誉、文化、客户数据等,这类资源在商业模式中扮演着越来越重要的角色。例如,王老吉的配方就是一种知识性资源,它可以反复利用,给企业带来财富增长;海底捞的服务理念也是一种知识性资源,它可以通过规范制度、岗前培训等方式进行传承,给企业带来良好口碑。

3. 人力资源

人力资源指的是企业中居于核心地位的优秀团队。任何一家企业都需要高级人才和普通人才,拥有更多的高素质技术技能人才的企业,核心的人力资源更强,如华为公司的研发团队。

4. 金融资源

金融资源指的是货币资源或可交换为货币的资源,如债券、银行的金融资产等。此外,企业的留存收益也是一种重要的金融资源,如现金、银行授信,或者是吸引员工的股票期权等。有些商业模式特别依赖金融资源,如绿色出行等新兴行业正是通过融资迅速占领市场的。

总之,企业内各种资源所占据的地位并不是平等的,不同的商业模式所需要的关键资源各不相同。

(二)确定关键资源的方法

创业者只有明确自己拥有的关键资源,才能设计出适合创业企业的商业模式。因此,在设计商业模式的过程中,应先确定关键资源能力,再构建商业模式。

1. 根据商业模式中其他要素的要求确定关键资源能力

关键资源能力与商业模式中的众多要素紧密相关,如与企业拥有的特定优势相关、与企业的成本结构相关、与企业的目标市场或目标客户相关等。如果商业模式依赖于特定的技术,那么关键资源能力至少包括技术开发和技术实施所需要的知识、技能、资金、设备等。在不同的情境中,关键资源能力的确定需要根据特定的商业模式和竞争环境进行调整,这可以帮助企业更好地理解其竞争优势和劣势,从而制订相应的发展战略和行动计划。

2. 以关键资源能力为核心构建整个商业模式

以关键资源能力为核心,寻找能与该能力要素相结合的利益相关者。对企业内部价值链上的能力要素进行有效整合,以创造更具竞争力的价值链,并进行持续性产出。

以搭建瑜伽培训平台为例，关键资源主要是指专业的瑜伽教练资源、信息技术，利益相关者是指瑜伽爱好者、瑜伽馆、健身房等。该平台可以与瑜伽馆、健身房合作，提供线上课程预约等服务；还可以与瑜伽教练合作开设线上工作室，提供线上教学服务。此外，平台需要不断优化各项功能，以提高用户体验；建立完善的课程评价体系和反馈机制，提升课程质量。通过这些措施，平台可以吸引更多的瑜伽爱好者，进一步增强自己的市场竞争力。

三、了解合作伙伴关系

（一）合作伙伴的类型

合作伙伴指的是商业模式有效运作所需要的利益相关者。一个企业若要满足消费者的需求，不可能只利用自身的力量，很多时候都需要和别人进行合作。合作伙伴关系的类型主要包括三种：战略联盟、合资公司，以及普通的供应商和客户之间的关系。

1. 战略联盟

战略联盟指的是两个或两个以上具有相对优势的企业为实现资源互补、优势相长、风险共担、利益共享等特定战略目的，在保持经济独立性的同时，通过股权参与或契约联结等方式达成相对稳定的合作伙伴关系，并在某些领域协同行动，最终实现双赢的效果。战略联盟作为一种新的战略组织形式和资本运营方式，具有边界模糊、关系松散、组织方式机动灵活、运作高效和成员地位平等的特点。

2. 合资公司

合资公司指的是两家公司（或多家公司）共同投入资本成立的公司，投资者分别拥有部分股权，并分享利润、风险、支出及公司的控制权。

3. 普通的供应商和客户之间的关系

普通的供应商和客户之间的关系多见于传统实体的供应链关系。长期稳定的供应关系可以在成本上获得优势。例如，在供应链中，供应商和制造商之间可以建立合作伙伴关系。供应商提供原材料和零部件，制造商使用这些原材料和零部件生产产品。双方在合作中共享信息、共担风险、共同获利，以提高供应链的整体竞争力。此外，供应商和零售商之间也可以建立合作伙伴关系。供应商提供商品，零售商负责销售。双方在合作中共同规划和管理库存、销售和物流等业务，以提高供应链的效率和利润。

（二）构建合作伙伴关系的方法

1. 构建合作伙伴关系的动机

企业在经营过程中构建合作伙伴关系的动机有很多，主要包括以下几个方面。

（1）降低成本。通过合作关系，企业可以与供应商、渠道商等进行更紧密的合作，优化采购和销售等环节，从而降低成本。

（2）提高效率。通过合作关系，企业可以更好地利用人力资源、技术和市场等，提高生产效率、市场推广效率和产品研发效率等。

（3）拓展市场。通过合作关系，企业可以借助合作伙伴的力量，拓展新的市场和业务领域，扩大企业的市场份额。

（4）风险分担。通过合作关系，企业可以将一些风险较大的项目或业务交给合作伙伴承担，从而降低自身的风险。

（5）资源共享。通过合作关系，合作双方可以共享资源、技术和市场等，提高资源的利用效率和自身的竞争力。

（6）提高客户满意度。通过合作关系，企业可以更好地满足客户的个性化需求，提升服务质量，提高客户的满意度和忠诚度。

2. 构建合作伙伴关系的有益动机

促使企业建立合作伙伴关系的有益动机主要有以下三种。

（1）商业模式的优化和规模经济的运用

企业拥有所有资源或自己实现所有经营业务是不现实的，优化合作伙伴关系和实现规模经济通常有助于降本增效，如外包或基础设施共享。

（2）降低风险和不确定性

在竞争环境中，合作伙伴关系可以帮助企业降低不确定性、消除潜在风险。竞争对手与自身在某一领域形成了合作关系，而在另一个领域展开竞争，这种现象也很常见。

（3）特定资源和业务的获取

在经营过程中，大多企业无法拥有所有的资源，或者开展所有的商业活动，他们会依靠其他企业提供的特定资源，或开展某些业务活动来实现自身的拓展。根据特定需要，企业可以主动地获得知识、资质或者接近某类客户群体。

3. 建立合作伙伴关系的注意事项

在建立合作伙伴关系之前，我们需要问以下几个问题。

（1）谁是重要的合作伙伴？

（2）谁是重要的供应商？

（3）从伙伴那里可以获取哪些核心资源？

（4）合作伙伴执行哪些关键业务？

弄清以上问题可以帮助企业更精准地建立合作伙伴关系，实现合作共赢，创造最大价值。

任务总结

任务检测

➤ 任务检测

请扫描二维码，测一测你对知识的掌握程度。

➤ 实施任务

参照吴小强的创业故事，描述出你的创业项目的关键业务、关键资源和合作伙伴。

➤ 任务反思

一个创业项目要怎么创造价值？只有更深入了解该企业的关键业务、关键资源和合作伙伴关系，才能知道价值来源于哪些方面。因此，我们必须不断地反思，多问问客户，请教自己的专业老师或创业成功的学长，吸纳他们的意见和建议，仔细斟酌项目的关键业务、关键资源和合作伙伴。

请结合所学知识，填写思考笔记（表4-1-1）。

表4-1-1 思 考 笔 记

思考题目	记录
你的项目有哪些关键业务，这些业务如何聚焦客户需求	
你的项目有哪些关键资源，还有其他渠道可以整合吗	
合作伙伴如何填补企业的不足，他们的合作动机分别是什么	

任务二　创造产品价值

⊘ 任务先行

梳理完关键业务、关键资源和合作伙伴后，接下来需要明确产品价值的创造途径，创新并构建出项目的商业模式。

⚲ 任务解码

一、理解价值创造的内涵

价值创造指的是一个企业设计一套解决方案，通过整合企业运行的内外部因素，满足客户需求，实现客户价值，形成完整高效且具有核心竞争力的运行系统。一个好的商业模式可以为股东、员工、客户、社会等多方创造价值。

价值创造是企业为创造和提炼价值主张、获得市场、维系客户关系，以及取得收益所必须做的重要事情，是商业模式正常运行的重要保证，包含生产制造、提供方案、平台研发、营销活动、网络维护、平台管理、售后服务、客户开发、招聘人才、物流运输等板块，这些板块相互关联、相互影响，共同构成了企业价值创造的过程。

具体来说，生产制造是价值创造的核心环节，它决定了产品的数量和质量。提供解决方案则是指企业解决问题的独特方案，体现了企业的专业能力和创新能力。平台研发可以提高企业的技术水平，增强竞争优势。营销活动则是将产品或服务推向市场的重要手段，有助于吸引目标客户。网络维护和平台管理则是保证企业稳定运营的重要措施。售后服务是提高客户满意度的重要手段。客户开发则是扩大市场占有率的关键环节。招聘人才和物流运输则是指支持企业运营的基础设施建设。

通过有效运作这些板块，企业可以创造和提供有价值的产品或服务，赢得客户的信任，并获得市场占有率，提升经济效益。因此，价值创造是企业商业模式的核心组成部分，是企业发展的关键因素。

二、熟知创造产品价值的途径

不同行业的性质不同，这决定了不同的商业模式的核心竞争力也不同。在创造价值这一环节中，重要的任务是创新企业的商业模式，这可以通过增加商业活动系统的内容、改变商业活动系统的结构、改变商业活动系统的治理者三大途径来实现。

（一）增加商业活动系统的内容

增加商业活动系统的内容指的是在关键业务中增加新的业务活动，通过增加的内容，给客户创造新的需求，从而创造产品的价值。

例如，大疆通过关键业务——"无人机"——在行业内获得成功。无人机最初的设计意图是供军队使用。伴随无人机技术的迅速发展，作为无人机制造商的全球领先者，大疆率先将无人机技术应用在日常生活领域。从售卖给单一固定的客户，到主动迎合更加广阔的消费者市场，大疆让更多的消费者从中找到乐趣，愿意为其买单。大疆之所以将无人机作为关键业务，是瞄准了当前无人机在人类生活中的广泛应用。当前，无人机在军事、航拍、农业、地图绘制、环境监测等领域被广泛应用，被称为"飞行的照相机"。例如，在电力巡检和维修方面，无人机可以用于检测和维修高压线路和变电站；在农业领域，无人机可以完成农田巡视和农作物喷洒等任务；在医疗领域，无人机还可以用于医疗物资和器官的快速输送和紧急救援等。大疆也由此获得成功，目前占据了全球 70% 的无人机市场份额。

（二）改变商业活动系统的结构

改变商业活动系统的结构指的是企业以新的方式对业务活动进行整合，在不增加新的需求的情况下，提高商业活动的效率。

例如，社区团购是一种基于微信群、小程序或 App 等平台，围绕社区生活场景，开展生鲜和日用品零售的商业模式。相较于传统的商业模式，社区团购将线上流量引导到线下商超进行实体消费，消费者可以在线上下单，而平台通过整合当地的实体店资源，并通过本地配送网络高效地将商品送到消费者手中。如美团优选就是一个典型的社区团购平台。社区团购模式不仅改变了多层级的传统经销模式，提升了供给效率，降低了总加价率和产品损耗；同时基于熟人社交在短时间内赢得大量新客户，采取"线上预订 + 门店自提"等销售模式，有利于降低终端交付成本和获客引流成本，最终帮助实体商超实现盈利突围。社区团购就是以社区为切入口，通过改变家庭日常消费场景，从而获得了成功。

（三）改变商业活动系统的治理者

改变商业活动系统的治理者也就是改变业务活动中的一个或多个参与方。如果一家公司的领导比较保守，可能缺乏创新和冒险精神，那么会错失一些商机。如果更换一位有冒险精神的领导，可能就会抓住商机，从而创造更多的价值。

总之，我们可以通过价值链延伸、价值链分解和价值链整合的方式，专注于价值链上的某些高利润的活动,实现商业模式的创新。例如,大家熟知的微波炉品牌格兰仕,创造了独特的代加工(Original Equipment Manufacture,OEM)经营模式。在全球家电产业链中,格兰仕将自己定位为"全球名牌家电制造中心",为国外知名企业进行微波炉贴牌生产,不断积攒实力,实现了超大规模和专业化生产,极大地降低了成本。其董事长认为,以 OEM、ODM(Original Design Manufacture,ODM)模式和一些国外大公司合作,虽然利润薄,但可以向对方学习研发、品控、管理等技术,迅速提高自身的综合实力。格兰仕专注于研发和制造,将物流业务外包,一心发展自有品牌,它在价值链中选取了合理的定位,发展出独特的价值网络,创造了"低成本设计"的商业模式,稳步推进了品牌建设。

📋 任务总结

> 任务检测

请扫描二维码,测一测你对知识的掌握程度。

任务检测

> 任务实施

参照吴小强的创业案例,详细描述你的创业项目如何通过三大途径来创造产品价值。

> 任务反思

创造产品价值需要从多个方面入手,企业应综合考虑市场需求、用户体验、产品质量、品牌形象等多种因素,不断优化和创新,以提高产品的竞争力和附加值。因此,我们必须不断反思,多问问客户,请教自己的专业老师或创业成功的学长,吸纳他们的意见和建议。

请结合所学知识,填写思考笔记(表 4-2-1)。

表 4-2-1　思 考 笔 记

思考题目	记录
你的创业项目是如何创造产品价值的	
在创造产品价值的过程中,你的创业项目还有哪些不足	

任务三　评估产品价值

📎 任务先行

掌握产品价值的评估指标,对项目能否形成可持续发展的商业模式进行评估及调整优化。

🔑 任务解码

对产品价值的评估主要从产品价值的三大要素入手,也就是对关键资源、关键业务和合作伙伴进行评估,相关评估指标如图 4-3-1 所示。

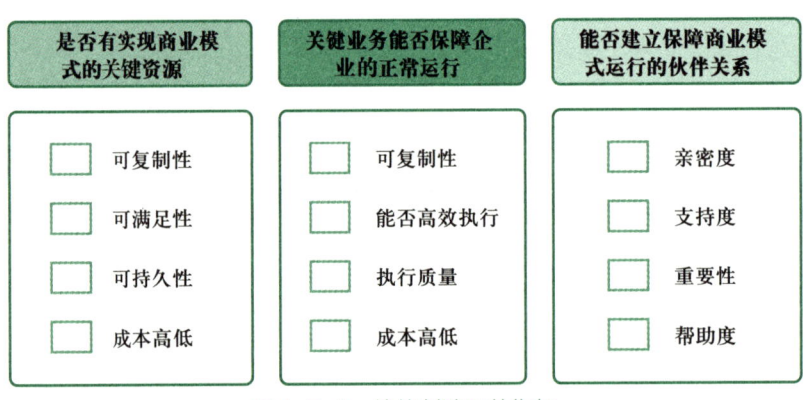

图 4-3-1　价值创造评估指标

一、评估关键资源

是否拥有实现商业模式的关键资源,决定了企业的商业模式能不能可持续发展。实现商业模式的关键资源指标包括可复制性、可满足性、可持久性、成本高低。以华为公司为例,具体如下。

（1）可复制性。通过建立全球供应链,与全球供应商合作,在全球范围内采购原材料和零部件,实现规模化生产,提高效率,降低成本。

（2）可满足性。通过持续的技术创新和产品升级,满足消费者对智能手机、智能家居等产品的需求,同时提供更加个性化的定制服务,满足客户的个性化需求。

（3）可持续性。通过持续的技术创新和产品升级,保证产品的品质和性能,同时注重品牌建设和售后服务,树立良好的企业形象,提高用户的满意度和忠诚度,实现商业模式的可持续发展。

（4）成本降低。通过不断进行技术创新和流程优化,提高效率,降低生产成本和管理成本,同时注重供应链管理和库存管理,降低采购成本和仓储成本。

二、评估关键业务

关键业务能否保障企业正常运行,需要考虑可复制性、能否高效执行、执行质量、成本高低等指标。以连锁酒店如家为例,具体如下。

如家是第一个用连锁复制的商业模式打造的经济型酒店品牌。从创立品牌到成立第 100 家连锁酒店,如家仅仅用了 4 年零 2 个月的时间。之所以能用短短四年而不是如国外其他酒店用十年的时间取得如此成就,是因为如家精心设计了清晰的商业模式。在如家的商业模式中,可复制性无疑发挥了重要作用,这也是连锁经营的必备特质之一。

在具体操作上,可复制性包含两个层面的含义:一是在底层做到标准化,使扩张、复制的成本达到最低,同时又保证了质量;二是在顶层必须做到统一一动态管理。但是,只有顶层的统一管理而没有底层的标准化,难以做到可复制;反过来,只有底层的标准化而没有顶层的统一管理,复制就会产生混乱,并最终导致“母本”的崩塌。如家构建的品牌连锁意味着标准化的统一,即统一的品牌、质量、服务模式、客源销售网络和管理系统。“底层标准化 + 顶层统一化”,这就是如家对连锁经营的理解,也是如家的关键业务能力。

三、评估合作伙伴关系

评估合作伙伴关系,需要考虑亲密度、支持度、重要性、受帮助度等指标,以确保商业模式的顺利运行。

一个电商平台必须有平台、卖家、买家、物流公司、支付工具等多方参与,才能形成网上购物的完整消费闭环。通常,企业无法单独完成所有环节的执行,因而需要与友商建立合作伙伴关系。在整个闭环流程中,企业要考虑跟对方建立长期或短期、紧密或松散的合作伙伴关系。以香港利丰集团为例,具体如下。

利丰集团是一个将供应链管理做到极致的企业,并提出了著名的“软 3 元理论”。

利丰发现，一件商品如果在美国的零售价是 4 美元的话，其出厂价仅为 1 美元。要从生产成本节省 5~10 美分，十分不容易，因此生产成本被称为"硬 1 元"。然而，要从出厂价至零售价之间的 3 美元中减少成本以增加利润，却是可行的。这"3 元"就是供应链中各个环节的价值，包括产品设计、原材料采购、物流运输、批发零售、信息和管理。从这个角度思考，企业尚有很大的可节省成本、增加利润的空间，而供应链管理的重点就是在这"软 3 元"内的工作。

利丰集团把供应链上的活动整合为十个环节，进一步划分为三个阶段：前期、中期和后期。经过分析，利丰发现这三个阶段的附加值并不一样，前期和后期的附加值高，而中期的附加值低。因此，利丰把有高附加值的前期和后期放在总部香港，而把中期交给全球范围内的广大合作伙伴。为利丰完成中期阶段的供货商有 7 500 多家，这进一步印证了利丰对这个环节的判断，即这个环节竞争激烈、利润微薄。这 7 500 多家供货商遍布全球，为利丰寻求在全球范围内的成本优势，从而达到总体的成本优势。

利丰的成功在于对合作伙伴和内部团队的成功管理。在 7 500 多家供货商中，其中有 2 500 多家非常积极。利丰的做法是占据供货商产能的 30%~70%，这样有两个好处：第一，比例足够大，利丰有作为大客户的影响力，保持对供货商有足够的话语权，供货商也有积极性保证利丰的订单需求；第二，不占据全部的产能，以免让供货商产生依赖感，利丰也因此获得了合作的灵活性。

综上所述，创业者可以结合上述指标，通过思考以下问题来评估产品创造的价值能否形成可持续发展的商业模式。

（1）新的商业模式能够满足客户的哪些需求？

（2）为了满足这些需求，需要哪些新颖的活动？

（3）如何以一种新颖的方式将活动串连起来？

（4）商业模式的各项活动应该由谁来执行？是企业、合作伙伴还是客户？有什么新颖的治理方式能支持商业模式的运作？

（5）这个新颖的商业模式是如何为其中的每个参与方创造价值的？

（6）什么样的营收模式与企业的商业模式相匹配，并能够为企业获取其所创造的价值？

🗐 任务总结

➤ 任务检测

请扫描二维码,测一测你对知识的掌握程度。

任务检测

➤ 任务实施

参照吴小强的创业案例,对应评估指标,评估你的创业项目所采取的商业模式的可持续性。

➤ 任务反思

评估一个项目的商业模式是否可以实现可持续发展需要考虑多方面的因素。在评估过程中,需要结合实际情况进行具体分析和判断,以得出准确的结论。因此,我们必须不断地反思,多问问客户,请教自己的专业老师或创业成功的学长,吸纳他们的意见和建议,结合实际情况综合考虑。

请结合所学知识,填写思考笔记(表 4-3-1)。

表 4-3-1 思 考 笔 记

思考题目	记录
你对商业模式的理解还存在哪些疑惑	
通过评估,你的创业项目的商业模式还有哪些不足	

≫ 拓展提升

借助互联网平台,了解产品质量、产品功能、用户体验、品牌价值等方面的知识,拓展深化对商业模式的理解和运用,丰富并优化你的创业项目的商业模式,构建出可持续创造价值的商业模式。

项目五

获取价值：设计盈利模式

» **创路领航**

车无辕而不行，人无信则不立。

——孟子

» **学习目标**

● 知识目标

(1) 了解产品价值的内涵。

(2) 了解资金分类和渠道。

(3) 掌握产品定价的方法。

● 能力目标

(1) 能够预测启动资金、制订利润计划。

(2) 具备财务分析的能力。

● 素养目标

涵养诚信品格，强化社会责任意识。

创业实景

　　经过产品价值创造,吴小强梳理出项目的关键业务、关键资源和合作伙伴,基于合作共赢、多方利益价值最大化等原则,设计了项目的盈利模式,并预测需要启动资金约 30 万元。为筹集启动资金,他计划拿出前期累计的 15 万元存款,请合伙人投资 10 万元,再从朋友或亲戚处借 5 万元。

思考与探究:

　　深入分析案例,结合自己的创业项目,思考如何预测项目的销售收入、销售与成本及现金流?

案例动画: 吴小强的创业故事(5)

任务一　理解价值获取

微课：理解价值获取

⊘ 任务先行

通过分析吴小强的创业故事，了解盈利模式的内涵，掌握互联网时代常用的盈利模式，构建适合你的创业项目的盈利模式。

🔑 任务解码

一、了解盈利模式

价值获取，即盈利模式的设计，这是管理学的重要研究对象。盈利模式是指按照利益相关者划分的企业的收入结构、成本结构，以及相应的目标利润。因此，决定盈利模式的关键要素有成本、收入和利润。

例如，企业可以通过广告收益、付费会员、出售物品、提供服务等方式获得收入，这就是企业的盈利模式。

（1）如果企业通过销售产品盈利，那么企业需要了解产品的市场需求、竞争对手、销售渠道和营销策略等。

（2）如果企业通过提供服务盈利，那么企业需要了解服务的对象、服务的质量、服务的成本、服务的销售渠道等。

（3）如果企业通过广告收益盈利，那么企业需要了解广告的受众、广告的效果、广告的投放渠道等。

（4）如果企业通过提供平台盈利，那么企业需要了解平台的类型、平台的用户、平台的交易量、平台的交易费用等。

总之，企业的盈利模式需要根据企业的实际情况进行具体分析和制订，不同的企业有不同的盈利模式。

盈利模式是对企业经营要素进行价值识别和管理，在经营要素中找到盈利机会，即探求企业的利润来源、生产过程及产出方式。还有观点认为，盈利模式是企业通过整合自身及相关利益者的资源后所形成的一种实现价值创造、价值获取、利益分配的组织机制及商业架构。

盈利模式分为自发的盈利模式和自觉的盈利模式，前者由企业自发形成，但企业对如何盈利、未来能否盈利等缺乏清醒的认识,企业虽然盈利,但盈利模式不明确、不清晰,因此这种盈利模式具有隐蔽性、模糊性、缺乏灵活性等特点;后者是企业通过对盈利实践的总结,对盈利模式加以自觉调整和设计而形成的,具有清晰性、针对性、相对稳定性、环境适应性和灵活性等特征。

二、掌握互联网时代的盈利模式

互联网时代常用的盈利模式有流量经济模式、共享经济模式、分享经济模式和平台经济模式。

(一) 流量经济模式

移动互联网的普及催生出新的流量模式,粉丝经济、网红经济、IP 流量、内容变现等都属此类,除了这些"看得见"的流量经济模式,还包括墨迹天气、非常准 App 等"看不见"的流量经济模式,它们是通过为用户免费提供某类刚需服务,而后寻找其他合作资源,进而获得流量变现的盈利模式。

(二) 共享经济模式

共享经济模式是指产品的拥有者通过共享产品的使用权而获得收益的一种商业模式。可共享的产品一般都具备以下特征。

(1) 该产品的拥有成本较高。

(2) 该产品存在广泛而未被满足的需求。

(3) 该产品的特性便于为广大用户所共享。

(4) 市场对该类产品的需求存在随机性。

例如,汽车的拥有成本较高,很多人特别是年轻人通常有驾驶证,但还没有经济实力购买汽车。此外,用户的用车需求具有随机性,到不同的城市需要不同地方的汽车(就近、不限行)等,因此共享汽车(即租车)就成为一种全新的商业模式。但一度火爆的共享律师则未能成为很好的商业模式,因为一旦律师的服务获得认可,客户就会和律师建立长期的合作关系,客户的需求也就不存在随机性了。

(三) 分享经济模式

和共享经济模式不同的是,分享经济模式常被用来满足低频刚需,美丽说、海淘等都属此类,用户不会天天买衣服,但一旦要买就希望买到满意的,而买到满意的衣服其实是一个复杂的过程,因此,客户也会愿意为别人的经验付费。

(四) 平台经济模式

要同时满足两个及两个以上的客户需求,必须通过平台经济模式。例如,电子商务平台同时解决买方和卖方的需求,知识付费平台同时满足教和学的需求,供应链金融平台同时满足供应链上下游各个企业的需求。

现如今是信息社会,供需双方的信息越来越扁平化,几乎不存在信息差。因此,未来的商业竞争大概率是平台之间的竞争,创业者在设计盈利模式时,不要局限于交易双方的供需思路,还可以广开思路、寻求创新,设计出新颖的盈利模式。青年创业者最大的劣势是缺少经验,最大的优势也是不受传统经验的束缚,在创新创业的赛道上,没有经验也许意味着有无限可能。

下面来看看"曹操出行"的盈利模式有什么特点和创新,具体如下。

早在 2015 年,"曹操出行"就已进入网约车这一领域。彼时的网约车市场,刚刚经历"滴滴出行"和"Uber"高达数十亿规模的补贴大战,市场上利用网约车出行的消费习惯已经养成。"曹操出行"顺势杀入,比现在的一些车企更早进入该领域。

进入网约车领域,"曹操出行"并没有选择 C2C(Cosumer to Cosumer,即个人与个人之间的电子商务)模式,而是依托大股东吉利集团的车企资源,开启了 B2C(Business to Cosumer,即直接面向消费者销售产品和服务的零售模式)模式。公司提供统一的新能源汽车,招募司机进行专业培训之后上岗运营。

2019 年,"曹操专车"宣布品牌和服务全面升级为"曹操出行",在杭州同步上线"曹操走呗"。"曹操出行"相关负责人表示,"曹操走呗"既能一键发现所在地和目的地周边的好吃、好玩、好看、有特色的去处,又能一键叫车前往目的地。随后"曹操出行"又陆续推出了"曹操自游行"和"曹操商城"等功能,开始围绕打车产业链进行多元化探索。

2023 年,"曹操出行"推出一款为共享出行而生的深度定制车型——"曹操 60",以完善吉利汽车的打车板块,这成为"曹操出行"网约车业务的一次重大突破。"曹操 60"不仅注重驾驶座的乘坐感受,还对后排进行了特殊设计,成为网约车市场的一匹"黑马"。良好的乘坐体验和人性化的设计使得"曹操 60"在杭州亚运会期间发挥着重要的"窗口"作用,大放异彩。

任务总结

➤ 任务检测

请扫描二维码,测一测你对本知识的掌握程度。

任务检测

➤ 任务实施

分析"曹操出行"盈利模式的特点和创新,描述出你的创业项目的盈利模式。

➤ 任务反思

一个创业项目源自客户需求，成长于产品和服务迭代，依存于项目的盈利支撑。因此，设计项目的盈利模式非常重要，创业者需要不断地学习和完善，多问问客户，请教自己的专业老师或创业成功的学长，吸纳他们的意见和建议，选择适宜的盈利模式。

请结合所学知识，填写思考笔记(表 5-1-1)。

表 5-1-1　思 考 笔 记

思考题目	记录
你的创业项目适合哪种盈利模式，请阐述原因	
目前你选用的盈利模式存在哪些不足，请分析原因	

任务二　预测启动资金

微课：预测
启动资金

任务先行

了解启动资金的分类和募集渠道，实事求是地测算出创业项目所需的启动资金。

任务解码

一、了解启动资金

启动资金就是开办并正常运转企业所需要准备的所有资金，是创业企业所需的最初资本，通常包括企业注册、聘请员工、租赁场地、购置设备、采购原材料及市场推广等方面的开支。例如，某个创业者想要开一家奶茶店，那么他所需要的资金就是奶茶店的启动资金，这些资金可能包括店面的租金、装修费用、购买奶茶制作设备的费用、采购奶茶原材料的费用及雇佣员工的费用等。

启动资金按用途可分为投资和流动资金两类。

（一）投资

投资是指为开办企业而购置的固定资产和无形资产，以及支付开办费和其他投资需要的资金。开办企业时，投资是必不可少的，但不同的企业需要的投资金额是不同的。有的企业用很少的投资金额就能开办，而有的企业却需要大量的投资金额才能启动。明智的做法是，把必要的投资金额降到最低，让企业少承担风险。

（二）流动资金

流动资金是指维持企业日常运转所需要准备的资金，包括现金、银行存款、存货、应收账款等，主要用于采购原材料和库存管理，支付与其合作的供应商和服务商的货款，市场营销和推广活动，支付员工工资、租金、水电费、税收等日常运营费用。总而言之，如果没有足够的流动资金，可能会影响企业的正常生产经营活动，甚至导致破产。因此，流动资金的管理对于企业而言至关重要。

二、预测投资

在开办企业时，我们必须有一笔启动资金，而且可能要等企业充分盈利后，才能收回这笔投资。因此，在开办企业之前，有必要预测一下开办该企业到底需要多少资金。

投资一般可分为固定资产、无形资产、开办费和其他投资四类，具体如下。

（一）固定资产

固定资产是指企业购置的价值较高、使用寿命较长的资产，如企业用地和建筑物、设备。

1. 企业用地和建筑物

开办企业需要有适宜的场地和建筑物，也许是用来开办工厂的整个建筑物，也许只是一个店铺。如果能居家办公，或许能减少相关投资。在前面谈到选取营业地点的问题时，我们已经确定好在哪里开办企业了，现在要进一步确定企业具体需要什么样的场地和建筑物。在弄清需要什么样的场地和建筑物后，我们要做出以下选择：一是建造新的建筑物（即造房）；二是买房或租现成的建筑物（即买房或租房）。

（1）造房：如果企业对场地和建筑物有特殊要求，最好自己建造，但这需要大量的资金和时间。

（2）买房或租房：如果能在理想的地点找到合适的建筑物，那么相对造房，买房或租房既简便又快捷。但现成的建筑物往往需要经过改造才能满足企业的需要，这也需要花费一定的资金。

2. 设备

设备是指企业需要的所有机器、工具、车辆、办公家具等。对于制造类企业而言，最需要的往往就是设备。一些企业需要在设备方面投入大量资金，因此，弄清楚企业需要什么设备并选择正确的设备类型非常重要。即使你的企业只需要少量设备，你也要慎重考虑，结合实际需要，并将其写入商业计划书。

（二）无形资产

无形资产是指企业长期使用的、不具有实物形态但能带来经济收益的资产，如特许经营权、商标权、专利权、大型软件等。

无形资产是企业的一种特殊资产，在法律规定的范围内，企业对无形资产享有占用、使用、收益处置等权利。企业在预测无形资产之前，首先应考虑所购买的无形资产的合法性；其次要明确无形资产的法定有效期，以及对无形资产进行评估和计价的法律依据。

（三）开办费

开办费是指企业在筹建期间发生的各项费用，包括培训费、差旅费、印刷费、注册登记费，以及不计入固定资产和无形资产的借款费用等。

（四）其他投资

除上述投资外，开办企业还可能发生一次性装修费、转让费等支出。

三、预测流动资金

一般情况下,企业开业后要经营一段时间才能有足够的收入。制造类企业在销售之前必须先把产品生产出来;服务类企业在开始提供服务之前要先买材料;贸易类企业在卖货之前必须先采购货品;农林牧渔类企业则需要更长的时间才能获得回报,也可能需要更多的资金投入。因此,企业需要准备购买和储存原材料与商品的费用、促销费、工资、租金、保险费、其他费用等。

（一）购买和储存原材料与商品的费用

制造类企业生产产品需要原材料,服务类企业的经营者也需要原材料,贸易类企业需要储存商品来出售。企业的预计库存越多,需要用于采购的流动资金就越多,因此,为节省资金,应该将库存降到最低。

如果是制造商,就必须预测产品的生产需要多少原材料,这样就可以计算出在获得销售收入之前需要的流动资金;如果是服务商,就必须预测在顾客付款之前要提供怎样的服务、需要多少材料;如果是零售商和批发商,就必须预测在开始营业之前需要多少商品存货。

（二）促销费

企业开业后,往往需要促销自己的产品或服务,而组织促销活动也需要流动资金。

（三）工资

企业的正常运营需要雇佣员工,这意味着在起步阶段就要支付工资。另外,创业者还要以工资的形式支付自己的家庭生活费用。因而,计算流动资金时,要计算用于支付工资的钱,通常用每月工资总额乘以还没达到收支平衡的月数就可以计算出来。

（四）租金

如果创业者计划购买房屋作为经营场所,那么无须支付租金,购买房屋的费用属于投资范畴。通常情况下,大多数企业为降低资金投入,会采取租赁房屋的形式,企业一开始运转就要支付用地用房的租金。在这种情况下,可以用月租金额乘以还没达到收支平衡的月数,计算出流动资金中用于房租的金额。此外,计算时还要考虑房东可能要求一次性支付 6 个月或 1 年的租金,这会占用更多的流动资金。

（五）保险费

企业一旦开始运转,就要选择必要的保险并支付保险费,这部分费用也需要从流动资金中支出。

（六）其他费用

除了上述几种费用，企业在经营初期还要支付其他一些费用，如交通费。

总之，不同的企业所需要的流动资金也不同。有的企业需要足够的流动资金来支付 6 个月的房租费用，也有的企业只需要支付 3 个月的房租费用。创业者必须预测并精准计算，在获得销售收入之前，你的流动资金能够让企业支撑多久。有些费用需要按照实际的金额来计算，如有些保险费是按年度支付的。一般而言，销售类企业在初期的销售情况并不乐观，流动资金要计划得更宽裕一些。

在本项目的任务三中，你将学习如何为企业制订一份现金流量计划，它会帮助你更准确地预测流动资金，等你做完那份计划之后，可能还需要更改启动资金里的流动资金额度。

任务总结

任务检测

➢ 任务检测

请扫描二维码，测一测你对知识的掌握程度。

➢ 任务实施

参照吴小强的创业项目，预测你的创业项目需要支付的启动资金。

➢ 任务反思

启动资金是每个创业者在规划阶段必须认真考虑的关键事宜，只有准备充足且适宜的启动资金，项目才能顺利启动并获得发展。因此，创业者必须做到心中有数，反复测算，请教自己的专业老师或创业成功的学长，吸纳他们的意见和建议。

请结合所学知识，填写思考笔记（表 5-2-1）。

表 5-2-1 思 考 笔 记

思考题目	记录
你的创业项目需要支付的费用有哪些，还有哪些考虑不周的地方	
你预测的启动资金是如何统筹场地费、设备费、推广费等各项费用的	

任务三　制订利润计划

微课：制订
利润计划

🧭 任务先行

掌握定价方法，预测创业项目的销售收入和成本，制订创业项目的现金流量计划，筹集相应的启动资金。

🔑 任务解码

至此，你应该对自己的创业构思有一定信心。因为你已经评估过创业构思、了解了市场情况、预测了销售量、计算了所需要的启动资金。

到这一步，你必须重点关注你的创业项目能否盈利，并做出以下决策。

(1) 确定销售价格——你销售的产品或服务，需要顾客支付多少钱？

(2) 预测销售收入——销售一段时间（至少 12 个月）后，你的企业能够挣多少钱？

(3) 制订销售与成本计划——看看你的企业是挣钱，还是赔钱？

(4) 制订现金流量计划——你是否有足够的流动资金保证企业的正常运转？

一般来说，成本是定价的基础，价格是预测收入的基础，收入是计算利润的基础，资金是企业正常运转的保证。

一、确定销售价格

在确定产品或服务的销售价格之前，创业者要计算出产品或服务的成本。成本是生产产品或提供服务所发生的各项费用的总和，每个创业项目（企业）都会有成本。作为创业者，你必须详细地了解创业项目的经营成本。

很多企业就是因为没有控制好经营成本而陷入财务困境。一旦成本大于收入，企业就会亏损。长期亏损对资金链的危害很大，企业可能会面临倒闭的风险。

为了更准确地为产品或服务确定销售价格，可以采取以下两种定价方法。

(一) 成本加成定价法

将生产某种产品或提供某项服务而发生的费用均计入成本的范围，将各项成本相加，就可以计算出单位成本，在单位成本的基础上加上一定的利润即可得出销售价格。利润的多少通常依据一定的成本利润率计算。确定合理的成本利润率非常关键，必须综合考虑市场环境、行业特点等多种因素，这种方法尤其适用于制造类企业和服务类企业。如果你的企业经营有效，成本不高，用这种方法确定的销售价格在当地市场应该是有一定竞争力的。但是，如果你的企业经营不好，那么成本可能会高于竞争对手，此时如果用成本加成法来定价，会导致产品或服务的市场竞争力降低。那么，在这种情况下，应该怎样计算单位成本呢？

首先，要了解生产产品或提供服务的成本构成；其次，要预测折旧和摊销；最后，计算出单位成本。

1. 了解生产产品或提供服务的成本构成

对于一家新企业而言，预测成本绝不是一件容易的事，最好的方法是参照一家同类企业，了解该企业计算了哪些成本。企业常见的成本包括原材料（或商品）购买费、办公用品购置费、包装费、手续费、工资和员工福利、借款利息、租金、宽带费、促销费、差旅费、保险费、业务招待费、维修费、运输费、水电费、咨询费（律师和会计事务）、电话费等。

企业的成本分为固定成本和变动成本两类。固定成本在一定时间范围和业务范围内是不变的，如租金、保险费、折旧和摊销。变动成本在一定时间范围和业务范围内，会随着生产量或销售量的起伏而变化，如材料费。

对于制造类企业或服务类企业而言，与生产产品或提供服务有直接关系的成本属于变动成本。例如，一个面包师要购买如面粉、酵母和牛奶等原料做面包，一个零售商要购买用于再出售的商品等。

预测成本时，必须认真区分固定成本和变动成本。材料成本永远属于变动成本。如果还有其他变动成本，你必须知道这些成本是怎样随着生产量或销售量的起伏而变化的。

2. 预测折旧和摊销

折旧是由于固定资产在使用过程中不断贬值而产生的一种成本，如机器、工具和车辆的折旧等。折旧虽然不是企业的现金支出，但仍然是一种成本。

由于折旧是针对固定资产的，因此，只需要计算固定资产（有较高价值和有较长使用寿命的资产）的折旧价值。在大多数小微企业里，能够折旧的物品数量不多。

我国税法规定的不同类型的固定资产折旧的最低年限（适用于大多数小微企业）如表 5-3-1 所示。

摊销是除固定资产外，其他长期使用的资产按照企业使用年限每年分摊的一种成本，与固定资产折旧相似，如无形资产摊销、装修费摊销等。

表 5-3-1　不同类型的固定资产折旧的最低年限

固定资产类型	折旧的最低年限 / 年
房屋、建筑物	20
飞机、火车、轮船、机器、机械和其他生产设备	10
与生产经营活动有关的器具、工具和家具	5
飞机、火车、轮船以外的运输工具	4
电子设备	3

3. 计算单位成本

创业者要计算出企业生产产品或提供服务的月总成本,再除以当月生产的产品数量或提供的服务次数,就能得出企业生产产品或提供服务的单位成本。

采用成本加成定价法计算价格时,对成本的确定是在假设销售量达到某个水平的基础上进行的。因此,若产品或服务销售困难,则预期利润很难实现。

(二) 竞争参照定价法

竞争参照定价法是确定价格的另一种方法。它是指根据不同的竞争环境,参照竞争对手的价格,并以此为基准价格确定本企业产品或服务的价格,并判断本企业所定的价格是否具有竞争力。

实际上,创业者可以同时使用成本加成定价法和竞争参照定价法来定价。一方面,要严格核算产品或服务的成本,保证定价高于成本;另一方面,要随时观察、比较竞争对手的价格,以保证产品或服务的价格有一定的竞争力。需要注意的是,应比较同类产品或服务的价格,如不要拿制造商的销售价格和商店的零售价格进行比较。

企业不仅要根据不同的定价目标,选择成本加成定价法、竞争参照定价法等不同的定价方法,还要根据复杂的市场情况,采用灵活多变的方式确定产品的价格。例如,为鼓励顾客大量购买或增加淡季销售量,可采用现金折扣、数量折扣等折扣定价策略;利用心理因素,采用尾数定价、整数定价、声望性定价、习惯性定价等心理定价策略来满足客户的需求;还可根据不同客户、不同时间和场所来调整产品的价格,实行差别定价。

二、预测销售收入

在做市场调研时,你已经对销售量做了预测,现在需要再核实一遍,以验证你确定的数字是否切合实际。而且,在制订销售计划时,你需要做好销售收入预测,可以通过以下步骤进行预测。

（1）列出企业推出的所有产品或产品系列，以及所有服务项目。

（2）根据既有的市场调研结果，预测开业后，每项产品或服务在每个月（至少 12 个月）的期望销售数量。

（3）为计划销售的每项产品或服务确定销售价格。

（4）用销售价格乘以月销售量来预测每项产品或服务的月销售收入。

三、制订销售与成本计划

要掌握企业的实际运转情况，仅仅知道企业的销售收入是不够的，还必须计算企业是否盈利。利润可以通过销售收入减去企业的经营成本来计算得出。

在销售与成本计划中，既能看到销售收入，也能看到成本，而且可以清楚地知道企业是否盈利。当计划开办一家企业时，创业者应该预测企业在第一年每个月的利润。因此，制订销售与成本计划十分必要，可以遵循以下步骤。

（1）确定目标。首先需要设定销售目标，包括预期的销售量和销售额。这些目标应该基于市场调研、历史销售数据及对竞争对手的了解。此外，还需要考虑本企业的财务目标，如利润率和成本效益。

（2）分析市场。进行市场调研，了解客户需求、竞争对手的销售和成本情况，以及市场的发展趋势。这有助于创业者制订更具针对性的销售策略，更准确地预测销售额和销售成本。

（3）制订销售策略。基于目标和市场分析，制订具体的销售策略，包括产品定价、促销活动、销售渠道和市场推广策略，这些策略旨在实现销售目标和财务目标。

（4）预测销售收入和成本。根据销售策略和市场需求，预测销售收入和销售成本。销售收入应基于预期的销售量和销售额，而销售成本则包括与销售活动相关的直接和间接成本，如工资、奖金、营销费用。

（5）制订成本控制策略。分析销售成本并找出潜在的节约成本的机会，这可能涉及改变供应商、优化采购策略、改进制造过程或实施成本控制政策等。

（6）监测和调整。定期检查销售与成本计划的执行情况，并与实际数据进行比较。如果计划偏离了预期，应及时找出原因并调整策略。

（7）记录和分析。记录销售和成本数据，并定期进行数据分析，以了解销售和成本的发展趋势。这将帮助创业者做出更明智的决策，并为未来计划的制订提供参考。

（8）与其他部门协作。确保销售与成本计划和企业的其他部门（如生产、研发、财务等部门)保持一致,各部门之间的协调合作有助于企业实现整体目标。

(9)考虑风险。在制订计划时,应考虑可能的风险并制订应对策略,这些风险可能包括市场风险、供应链风险、财务风险等。

(10)制订应急计划。为可能出现的意外情况制订应急计划,以便在不可控的情况下保持公司的稳定运营。

四、制订现金流量计划

现金就像能使企业这台发动机运转的燃料,有些企业主缺乏管理现金流量的能力,导致企业在经营时"抛锚"。现金流量计划可以很明确地显示出每个月预计会有多少现金流入和流出,制订现金流量计划将帮助企业保持充足的动力,避免企业陷入资金短缺的困境。

大多数企业每天都要收取和支付现金,为使企业保持充足的动力,成功的创业者都会制订现金流量计划。当然,制订现金流量计划绝非易事,会受到很多因素的影响。

(1)有些客户会要求赊账,这样一来,企业通常要在几个月后才能收回现金。如果在制订市场营销计划时已经决定允许赊销,那么就要考虑这个因素。

(2)企业采购过程中有时会赊账,这也会使现金流量计划的制订变得更加复杂,但赊购现象在新办企业中不太常见。

(3)企业的某些费用是以非现金的形式支付的,如设备折旧,这些项目将不被列入现金流量计划。但是,一旦设备折旧期已过,这时就必须用现金购买新设备。如果最开始没有考虑到这个因素,没有提前备足现金,那么企业可能就难以正常运转。

五、筹集资金

当确定了开办企业需要的启动资金,接下来需要考虑的是从哪里可以筹集到这笔资金。对于大多数小微企业来说,启动资金主要来自创业者自己的积蓄,不过也可以尝试通过以下渠道来筹集启动资金。

1. 参加高级别的创新创业大赛

在校大学生或毕业 5 年内的创业者,可以通过参加中国国际大学生创新大赛等重要赛事获得奖项,得到政府的资金扶持,争取投资机构的优先推荐,或获得创业导师、金融服务和基础服务的支持。

2. 从朋友或亲戚处借钱

从朋友或亲戚处借钱是多数创业者筹集启动资金的常见做法。但是，一旦企业经营失败，亲戚朋友会因收不回自己的钱而责怪创业者。因此，从一开始就要向他们说明借钱具有一定的风险，并允许有较长的还款时间。为帮助他们了解企业，还应给他们一份尽可能详细的商业计划书，并定期向他们报告创业的进展。

3. 从供应商处赊购

制造类企业通常可以从供应商那里赊一部分账。不过这并不容易，因为大多数供应商只有在确定该企业确实能够运转良好之后，才会允许赊账。

4. 从银行或其他金融机构贷款

银行或其他金融机构是正规的金融部门，发放贷款时有严格的审批条件和审查程序。首先，它们会要求借款者填写一张借款申请表，并在表后附上商业计划书。其次，银行或其他金融机构一般会要求有贷款抵押品或质押品，如私人房产、银行存单、有价证券等。如以私人房产做抵押，还要办理房产价值评估及公证等手续。而且，银行或其他金融机构为了降低风险，一般不会按抵押品的实际价值向借贷人发放贷款，通常要确保资产的抵押价值高于贷款额和未付利息额。如果企业经营失败，借款者将失去这些个人资产。可见，向相关金融机构贷款是不容易的，即使有抵押品，它们还是会提出不同的利率和贷款条件。

5. 天使投资

天使投资属于个人投资行为，手续简便，是由自由投资者或非正式风险投资机构对原创项目或小型初创企业进行的一次性前期投资，主要面向初创期和种子期的企业。天使投资人一般不参与管理，投资金额较小，对创业项目的审查不太严格，且不涉足投资人不熟悉的行业，大多基于投资人的主观判断或喜好而做出投资决定。

很多天使投资是通过朋友、亲戚或社交圈介绍实现的。如果想让天使投资人投资你的创业项目，你就不能忽视对自身信用资质、良好口碑的培养，而且还要为此准备好企业运营和财务方面的信息和数据。

6. 风险投资

风险投资的投资对象一般是具有高科技背景、较大的成长潜力的企业，风险投资人选择投资对象时非常看重创业团队、项目的市场规模和盈利模式。风险投资一般金额较大，不需要抵押，也不需要偿还；投资期限至少3年，5~7年也比较常见；投资方式通常是以投资换股权；投资的目的不是控股，而是追求超额回报。当被投资企业增值后，风险投资人会通过上市、收购兼并或股权转让等方式撤出资本，实现增值。

7. 从政府部门获取资金支持

目前,为鼓励创业,国家已经出台多项法规和优惠政策,创造了较为宽松的创业环境。其中,人力资源和社会保障部门专门出台政策,为创业者提供创业担保贷款;科技部门为高校科技人员和学生科技创业提供专项资金;农业部门为农业创业项目提供农业扶持资金等。所以,在筹集资金时,创业者也可以寻求相关政府部门的帮助。

任务总结

任务检测

> 任务检测

请扫描二维码,测一测你对知识的掌握程度。

> 任务实施

参照吴小强创业项目,制订你的创业项目的盈利计划。

(1) 完成表 5-3-2,预测你的产品或服务的销售价格。

表 5-3-2　预测产品或服务的销售价格

销售的产品或服务	销售价格 / 元
(1)	
(2)	
(3)	
(4)	
(5)	
(6)	
(7)	
……	

(2) 参照竞争对手的价格,完成表 5-3-3,确定你的产品或服务的销售价格。

表 5-3-3　产品或服务销售价格对比表

销售的产品或服务	竞争对手的价格 / 元	你的产品或服务的销售价格 / 元
(1)		
(2)		
(3)		
(4)		

续表

销售的产品或服务	竞争对手的价格 / 元	你的产品或服务的销售价格 / 元
(5)		
(6)		
(7)		
……		

（3）完成表 5-3-4，预测创业项目的销售收入。

（4）完成表 5-3-5，制订创业项目的销售与成本计划。

（5）完成表 5-3-6，制订创业项目的现金流量计划。

（6）具体阐述一下你准备通过什么渠道来筹集创业项目的启动资金。

表 5-3-4　销售收入预测表(20____年)

销售的产品或服务		月份												合计
名称	销售明细	1月	2月	3月	4月	5月	6月	7月	8月	9月	10月	11月	12月	
	销售数量													
	销售单价 / 元													
	含税销售收入 / 元													
	销售数量													
	销售单价 / 元													
	含税销售收入 / 元													
	销售数量													
	销售单价 / 元													
	含税销售收入 / 元													
	销售数量													
	销售单价 / 元													
	含税销售收入 / 元													
……	销售数量													
	销售单价 / 元													
	含税销售收入 / 元													
合计	销售总量													
	销售总收入 / 元													

表 5-3-5 销售与成本计划表(20____年)

类别和明细		月份												合计
		1月	2月	3月	4月	5月	6月	7月	8月	9月	10月	11月	12月	
销售	含税销售收入/元													
	增值税/元													
	销售净收入/元													
成本	原材料(列出明细)													
	(1)													
	(2)													
	(3)													
	包装费/元													
	工资和薪金/元													
	租金/元													
	促销费/元													
	保险费/元													
	维修费/元													
	水电费/元													
	电话费/元													
	宽带费/元													
	办公用品购置费/元													
	其他费用/元													
	折旧和摊销/元													
	总成本/元													
附加税费/元														
利润/元														
所得税	企业所得税/元													
	个人所得税/元													
	其他/元													
净利润/元														

注:关于"所得税"的填写,有限责任公司填写"企业所得税",个体工商户、个人独资企业和合伙企业填写"个人所得税",实行定额征收的企业填写"其他"。

表 5-3-6　你的项目现金流量计划表(20____年)

类别和明细		月份												合计
		1月	2月	3月	4月	5月	6月	7月	8月	9月	10月	11月	12月	
月初现金/元														
现金流入	现金销售/元													
	赊账销售/元													
	贷款/元													
	股东投入/元													
	现金流入合计/元													
现金流出	现金采购/元													
	赊账采购/元													
	包装费/元													
	经理工资/元													
	员工工资/元													
	租金/元													
	促销费/元													
	保险费/元													
	维修费/元													
	水电费/元													
	电话费/元													
	宽带费/元													
	办公用品购置费/元													
	贷款本息/元													
	其他费用/元													
	固定资产投资/元													
	开办费/元													
	装修费/元													
	增值税/元													
	附加税费/元													
	企业所得税/元													
	现金流出合计/元													
月底现金/元														

➤ 任务反思

以诚取信,以信取胜。对项目盈利模式的设计、产品或服务的销售价格、成本和收入及现金流量的预测,必须实事求是,夸大销售价格和利润将会走向失败。因此,创业者必须认真调研相关企业或门店,请教自己的专业老师或创业成功的学长,吸纳他们的意见和建议,对比分析,确定销售价格等数据。

请结合所学知识,填写思考笔记(表 5-3-7)。

表 5-3-7 思 考 笔 记

思考题目	记录
你的创业项目的成本、收入、利润分别来源于哪里	
对比竞争对手,你的产品或服务的销售价格是否过高或过低,如何解决这个问题	

》 **拓展提升**

借助互联网平台,或到跟你的创业项目密切相关的企业(门店)调研,了解产品或服务的销售价格、成本和收入、现金流量等方面的数据,对比分析,进一步优化并预测你的创业项目未来三年的盈利情况。

项目六

创意营销：策划营销活动

>> **创路领航**

经营者不得对其商品的性能、功能、质量、销售状况、用户评价、曾获荣誉等作虚假或者引人误解的商业宣传，欺骗、误导消费者。

——《中华人民共和国反不正当竞争法》

>> **学习目标**

● 知识目标

(1) 了解价值传递的内容。

(2) 掌握市场推广的诉求与创意营销的要点。

(3) 了解营销相关的法律常识。

● 能力目标

能够设计营销方案并进行推广。

● 素养目标

培养创新思维和遵纪守法的意识。

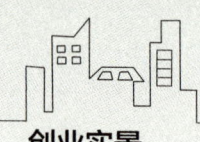

创业实景

　　吴小强预测了项目的成本、收入和利润,也筹集了项目启动资金,为了让产品和服务销售出去,在不违法违纪的情况下,他聚焦客户期盼,设计出了符合项目实际的营销推广方案,将拍摄的产品品类、设计制作产品的过程和模特搭配展示的短视频转发至微信朋友圈,吸引客户到店体验或观摩,并成为会员,老会员拉朋友加入会员进行裂变,为会员提供一对一的精准服务和终身保养,全方位服务会员,让会员成为项目的合伙人,实现自我营销裂变,获得持续性的流量。

思考与探究:

　　深入分析案例,结合自己的创业项目,思考如何设计精准的营销推广方案,实现依法、有效营销?

案例动画: 吴小强的创业故事(6)

任务一 传递产品价值

微课:传递产品价值

任务先行

通过分析吴小强的创业故事,掌握价值传递的相关内容,提炼项目的核心价值。

任务解码

一、了解商业价值传递

营销设计的目的是传递产品或服务的价值,让产品说话。简单地说,就是让消费者认识产品或服务,喜欢上产品或服务,从而购买产品或服务。商业价值传递的方式主要包括市场推广、销售活动和提供服务。

(一) 市场推广

市场推广是指企业为扩大市场份额、提高产品销量和知名度,将有关产品或服务的信息传递给目标客户,激发和强化其购买动机,并为促使这种购买动机转化为实际购买行为而采取的一系列措施。

(二) 销售活动

销售活动是指以出售、租赁或其他任何方式向第三方提供产品或服务的行为,包括为促进该行为进行的有关辅助活动,如广告、促销、展览等。

(三) 提供服务

提供服务是指在市场销售活动中,企业以产品为基础,通过为客户提供技术、设备、人员的服务,满足目标客户的物质消费需求及心理消费需求,进而提升其满意度。

例如,一款智能手机的特性和商业价值可能包括卓越的性能、美丽的外观设计和先进的技术等。针对年轻的消费者群体,商业价值传递的内容可以突出手机的时尚外观、高速的运行速度和先进的技术,推出广告语,如"速度与激情,智能触手可及"等。同时,可以在社交媒体上发布有关手机外观设计、性能和技术等方面的文章和视频,以吸引年轻消费者的关注。

二、提炼产品核心价值

在进行价值传递前，企业有必要将产品价值提炼出一个或多个核心诉求，以引发消费者的共鸣，从而促成交易。

（一）掌握产品核心价值内涵

产品核心价值，即客户选择这个产品的理由，也就是产品的差异化和核心竞争力。到了市场营销阶段，产品已经打造出来，并进行了小规模的市场验证，此时为促进产品销售，需要大规模的市场营销推广、销售活动。在短期内，企业不会对这一版本的产品做出调整和改变，因为迭代的成本太高。而且，产品不可能满足所有客户在所有场景下的需求。所以，市场营销人员要做的就是通过各种渠道和方法，凸显和放大产品的核心价值，并以客户容易理解的方式展现出来，以此在目标市场取得理想的阶段性成果。

以美团、百度专车、知乎为例，其核心价值如下。

美团以低于市场价格的宣传语吸纳新用户，在宣传内容上凸显"特价""五折"等字眼。这是围绕价格优惠，采取补贴商家、或联合商家让利做的促销活动。久而久之，客户把美团价看成是一种优惠价，并形成固有认知，即便实体门店的消费价格是300元人民币，美团的价格也是300元人民币，客户依然会根据固有认知，认为美团的价格更便宜，优先在美团上购券。

百度专车依托百度地图提供高品质的用车服务，提供从经济型到奢华型共5大类20余种车型供客户选择，支持随叫随到和预约用车服务，目前已在北京、深圳、杭州、广州等城市开放相关服务，将逐步覆盖全国重点城市。

知乎的核心竞争力是优质的内容。相比其他问答平台的一些不靠谱回答和商家的广告植入式回答，知乎尽量限制商业植入的痕迹，主打"知乎大神"的专业回答。

综上所述，市场营销的任务就是以低价、快捷和优质为基础，凸显产品的核心竞争力，并将其精准传达给客户，引发消费者的情感共鸣，从而促成交易，成就产品的核心价值。

（二）提炼产品核心价值

消费者之所以喜欢某种产品，是因为对比其他同类产品，他相信这种产品会给他带来更大的价值，也就是说该产品具有更大的潜在价值。创业项目大体可分为功能性产品项目和体验型产品项目，产品定位可以根据项目的特性分别从功能、情感、品类等维度进行提炼。因此,对产品核心价值的诉求提炼可以分为功能性诉求、感性诉求和品类性诉求,具体如下。

1. 功能性诉求

功能性诉求又称为理性诉求,即通过广告或者其他促销手段传递产品的信息,提炼产品的功能定位,如产品的好品质、优质的性能,直击客户的痛点。例如,一句"怕上火,喝王老吉"对产品功能诠释得相当精妙,不仅让王老吉凉茶找到了细分的目标客户,而且也让王老吉凉茶从"药茶不清"顺利地步入功能饮料的市场,这就是价值主张中对功能性诉求的定位提炼。

但是产品的功能不能太多、太超前、太特殊,功能太多会使产品缺乏一个功能主体,使其在消费市场缺乏公信力。因此要特别注意以下两个方面。

(1) 所提炼的功能性诉求是否比其他品牌具有明显的优越性?

(2) 所提炼的特性是否不容易被仿制?

2. 感性诉求

感性诉求事实上就是同消费者交流情感,它主要借助于情感、情绪的感染力,让消费者从人性、人情的角度看待产品,从而引导其产生美好的联想,产生情感共鸣,让消费者愿意了解该品牌及宣传的产品。

菲利普·科特勒把人们的消费行为大致分为三个阶段,如图 6-1-1 所示。

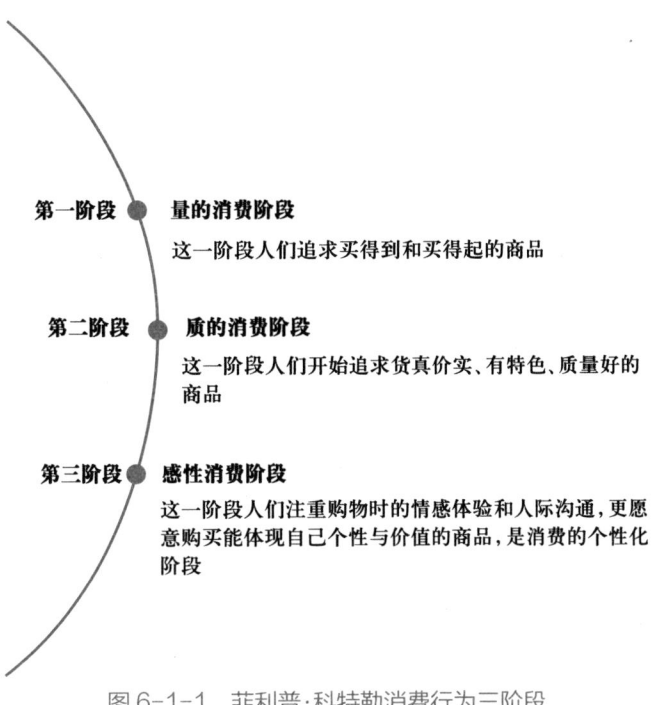

图 6-1-1 菲利普·科特勒消费行为三阶段

大卫·奥格威（广告业名人、曾任奥美公司董事长）曾说过这么一句话：最终决定品牌市场地位的是品牌形象或品牌个性，而不是产品间微不足道的差异。使用感性诉求提炼价值主张，对于产品来说就是将产品拟人化。

感性诉求也有很多经典案例，例如，2022年11月，美团优选发布品牌焕新广告——《明天一定到》，这部充满故事感的比喻式影片，在几分钟的时间里，描绘了一位妈妈探望女儿的旅程，通过妈妈"明天一定到"的故事，讲述美团优选"明天一定到"的使命。影片颇具人文情怀，引起不少人的情感共鸣，将大城市的打拼者与家乡亲人间的复杂情感联结清晰地刻画出来。母亲为探望女儿准备的活鸡和美团优选送来的活鱼、红枣等食材，共同抚慰着异乡人的心。感性诉求广告可以引起消费者的某些情感体验，激发起消费者的情感共鸣，从而诱发消费者对商品产生购买动机，也让消费者记住了该品牌。

3. 品类性诉求

品类是指产品的类别，以商品的单一功能进行分类。例如，咖啡可分为速溶咖啡和现磨咖啡；手表可分为机械手表、电子手表，此后苹果公司、华为公司推出智能手表，创造了新的品类。过去，洗发水的品类主要以去屑、柔顺、营养为主，但随着消费者需求的变化，出现了黑发、防脱、造型等更细化的品类。

未来，消费者越来越强调个性需求，企业通过对消费者的深度调研，可以创造出一个个新品类。在此情况下，大学生创业者更具优势，因为大学生创业者了解年轻的消费者群体，对当下的热点和未来的发展趋势有更敏锐的观察和感知。

总之，创业者需要了解产品的核心价值，通过各种渠道和方法，传递产品的核心价值，以客户容易理解的方式将其展现出来，最终将产品销售出去，从而在目标市场取得阶段性成果。

任务总结

任务检测

> 任务检测

请扫描二维码，测一测你对知识的掌握程度。

> 任务实施

参照吴小强的创业故事，详细描述你的创业项目的商业价值传递内容和产品的核心价值。

➤ 任务反思

营销的目的是传递产品或服务的价值,让产品说话。因此,创业者必须不断反思,从客户的诉求出发,多问问客户,请教自己的专业老师或创业成功的学长,吸纳他们的意见和建议,提炼产品的核心价值。

请结合所学知识,填写思考笔记(表6-1-1)。

表 6-1-1 思 考 笔 记

思考题目	记录
你的创业项目的核心价值是什么	
有没有跟你的产品核心价值相似的诉求,你准备如何完善你的产品核心价值	

任务二　设计营销推广方案

⊘ 任务先行

聚焦产品的价值核心,了解市场推广的方法和营销组合模式,设计出精准的营销推广方案,销售你的产品或服务。

🔑 任务解码

有了产品核心价值,如何让消费者认识和喜欢你的产品或服务,从而最终促成交易,这时,你需要设计一套营销推广方案,主要分为掌握市场推广要点、了解市场推广方法、了解营销组合模式、验证营销推广方案四个步骤。

一、掌握市场推广要点

如何高效、低成本地传递价值主张? 这需要深入了解市场推广要点,掌握市场推广的内在逻辑,从而确定更加切实可行的营销推广方案,更好地推广产品。

(1) 了解目标客户的习惯、喜好、具体特征,如年龄、性别、收入、消费模式等方面的信息。

(2) 设计目标客户接触渠道。根据目标客户的具体特征,确定与客户接触的合适渠道,如广告投放、网站建设、实地推广等。

(3) 确定渠道的沟通传递策略。着重分析和评估客户特性,确定最佳的沟通方式。

(4) 进行推广成本、效果评估。

(5) 调整完善推广方案。根据实际的推进效果,对推广方案进行动态调整。

二、了解市场推广方法

市场推广的具体方法有很多种,常见的推广方法如下。

(1) 问答推广: 通过回答问题或提供答案等方式,在客户心中留下深刻印象。

(2) 自媒体推广: 通过定期制作、推送优质的原创内容,吸引客户的关注。

（3）搜索引擎竞价（Search Engine Marketing，SEM）：通过提高关键词出价，让产品或服务排在搜索结果前面。

（4）搜索引擎优化（Search Engine Optimization，SEO）：对企业的官方网站进行优化，提高网站在搜索引擎中的排名。

（5）视频推广：通过制作短视频或在线直播的方式，吸引客户的关注。

（6）微信营销：通过微信公众号或个人号，向客户推送消息，吸引其关注。

（7）微博推广：通过在微博上发布消息和互动，吸引客户的关注。

（8）分类信息网站：通过在分类信息网站上发布信息，吸引客户的关注。

（9）App 广告：通过在 App 中推送广告，吸引客户的关注。

（10）社群推广：通过加入社群或建立社群，在社群中发布消息和互动，吸引客户的关注。

（11）资源合作：通过与其他企业或机构合作，共享资源，提高品牌的知名度和转化率。

（12）裂变式营销：通过设计营销活动，让客户参与并分享给其他人，吸引更多客户的关注。

（13）数据库营销：通过建立数据库并发送邮件和短信等，吸引客户的关注。

以经营一家奶茶店为例，可以使用以下市场推广方法：一是宣传企业形象——通过宣传企业的发展历程、主要产品、服务内容等，增加奶茶店的知名度；二是维护现有客户——认真收集客户信息，定期精准发送优惠信息，提供优质服务，以提升客户的满意度；三是社交媒体推广——通过微博、微信、小红书等社交媒体平台发布有关品牌的宣传信息，吸引更多潜在客户的关注；四是策划媒体宣传活动——根据实际情况，设计一系列有可行性的媒体宣传方案，将产品或服务更好地展示给消费者。

三、了解营销组合模式

不同的营销组合形成了不同的营销模式，如服务营销、知识营销、情感营销、教育营销、差异化营销、直销、网络营销、品牌营销、事件营销、口碑营销等。适合初创企业的营销模式主要有体验式营销、网络营销、事件营销和口碑营销。

（一）体验式营销

体验式营销是指站在消费者的角度，重新思考、设计营销方式。此种方式突破了传统意义上"理性消费者"的假设，认为消费者在消费时兼具理性与感性，在整个消费过程中的体验才是研究消费者行为与经营企业品牌的关键。

（二）网络营销

网络营销是 21 世纪以来最有代表性的一种低成本、高效率的营销模式，是以互联网为平台，以网络用户为中心，以市场需求和认知为导向，利用各种网络应用手段实现企业营销目的一系列行为。虽然网络营销以互联网为平台，但也可以和其他资源形成整体营销，如销售渠道促销、传统媒体广告、地面活动等。

（三）事件营销

事件营销是国内外非常流行的一种公关传播与市场推广手段，这种营销模式集新闻效应、广告效应、公共关系、形象传播、客户关系于一体，能够进行新产品推介及品牌展示，明确品牌定位，建立品牌效应，是一种快速提升品牌知名度和美誉度的营销手段。与广告和其他传播活动相比，事件营销能够在最短的时间、以最快的速度创造强大的影响力。

（四）口碑营销

口碑营销又称"病毒式"营销，其关键部分即能"感染"目标客户的"病毒体"，"病毒体"的强弱直接影响营销传播的效果。在今天这个信息爆炸、媒体"泛滥"的时代，消费者对广告和新闻具有极强的免疫力，只有制造新颖的内容才能吸引大众的广泛关注与讨论。

口碑营销要求广告内容新颖且朗朗上口，令客户难忘，故事生动且经典，细节捕捉准确且细致，服务周到且贴心。总之，口碑营销要提供能与目标客户的预期相符合的材料，并且需要长期推进，让客户亲身体验产品或服务，最大限度地运用可诱发口碑传播的宣传工具，广泛宣传产品和品牌，产生"病毒式"传播的良好效应。

四、验证营销推广方案

初创项目无须过分复杂的营销推广方案，更重要的是完成产品的最小市场验证。因此，在实施推广方案前，要根据前面介绍的调研方法，完成至少 5 个客户的调研，以此验证项目的营销推广方案是否可行。具体可分为以下三步。

1. 初步绘制产品的客户草图

客户草图应涉及客户的基本信息、行为习惯和痛点问题。

（1）基本信息：姓名、年龄、性别、所在区域等。

（2）行为习惯：媒介偏好、生活习惯、内容喜好等。

（3）痛点问题：客户急需解决的问题。

以一款 K12[1] 教育产品为例：基本信息——孩子处在 6~18 岁的妈妈或奶奶，居住在一线、二线或三线城市；行为习惯——为孩子提供衣食住行等生活保障，部分群体是全职妈妈；痛点问题——孩子学习不够专注、亲子关系较差、孩子自控力不强等。

2. 确定访谈目的，撰写访谈提纲

绘制好客户画像草图的下一步是确定访谈目的，根据访谈目的来撰写访谈提纲。

访谈目的可以分为了解信息的渠道、痛点问题、内容喜好和行为习惯等。建议在一次访谈中，最好把所有想了解的内容都询问一遍，尽量获取完整的信息链条。后期对这些信息进行分析，帮助产品迭代、更新，完善相关功能。

例如，想要了解 K12 在线教育项目的目标客户分布及其内容喜好，可以参照以下问题来设计访谈提纲。

（1）您经常在什么地方获取教育孩子的方法？

（2）您平常使用什么 App 了解教育信息？

（3）您平常关注什么类型的公众号？可以列举吗？

（4）关于教育的公众号有哪几个？可以列举吗？

（5）这些教育类公众号的内容有什么吸引您的地方？

诸如此类的问题可以通过头脑风暴的方式进行延伸扩展。

3. 访谈用户，收集并分析信息

确定访谈提纲后，找到目标客户进行调研访谈。这属于信息获取的阶段，可以通过社区、朋友、粉丝群等渠道寻找目标客户进行邀约访谈。

找到客户并且成功邀约后，需要准备录音器材、笔记本、笔和访谈提纲。录音器材可以帮助访谈者节省更多的时间和精力去关注语言之外的信息，如采访对象的肢体、面部表情等，这些信息同样有很高的价值，往往可以折射出很多隐藏信息。

例如，在 K12 在线教育项目中，一些被采访的孩子妈妈在谈及孩子成绩的时候信心满满，但谈到亲子关系的时候，面部表情就开始有微妙的变化，这个时候访谈者就可以用笔记录下当时的情况，并进行引导式提问，让她们说出自己苦恼的问题（即痛点问题）。

在进行访谈时，要多问"为什么"来深入挖掘客户需求，即便有时候客户的回答内容可能很普遍。如采访一位妈妈时，访谈内容如下。

---

[1] K12 是 kindergarten through twelfth grade 的英文简写，是教育领域的专用名词，是学前教育至高中教育的缩写，现在普遍被用来代指基础教育。

问：最近您有什么烦心的事情？

答：孩子的学习。

问：孩子的学习怎么了？方便展开谈谈吗？

答：最近孩子在做作业的时候老是在玩手指，不专心写作业，我担心她这样下去会成绩下降，但是一催她赶紧完成作业就会跟我吵起来。

由此可以挖掘出三个痛点问题：孩子做作业不够专心、亲子关系不佳、妈妈担心孩子的学习成绩下滑。

在访谈时，访谈者需要注意的一点是要引导客户回答问题，而不是引导客户回答访谈者想要的答案。访谈者只有站在客观的角度进行访谈，才能够获取更多有用的信息，如果一味地引导客户回答自己想要的答案，那么访谈的结果是片面的，甚至是在浪费时间。

访谈结束后，访谈者需要复述一遍客户的回答内容，并与客户确认，最后向客户表示感谢，必要时也可以赠予礼品或优惠套餐。

当结束以上所有的工作后，就进入整理分析的阶段。现在访谈者已经获得了宝贵的一手信息，但是这些信息要经过处理后才能为我所用。

任务总结

任务检测

▶ 任务检测

请扫描二维码，测一测你对知识的掌握程度。

▶ 任务实施

参照吴小强的创业故事，针对你的创业项目设计一份营销推广方案，并详细描述出具体内容。

▶ 任务反思

一个打动人心的产品不需要太高的推广成本就能被消费者接受，而且会被社交媒体广泛传播。因此，创业者应聚焦客户的核心诉求，不断地反思，多问问客户，请教自己的专业老师或创业成功的学长，吸纳他们的意见和建议，精准策划出适合自己的创业项目的营销推广方案。

请结合所学知识，填写思考笔记（表6-2-1）。

表 6-2-1 思 考 笔 记

思考题目	记录
你知道的市场推广方法还有哪些,它们分别适合何种类型的产品	
经过验证,你的营销推广方案应如何完善	

》 拓展提升

借助互联网平台,搜索并分析与你的创业项目非常相似的三家企业的营销策略、营销模式及市场推广方法,找出其创新点,进一步丰富并完善你的营销推广方案。

项目七

总结项目：制订商业计划

» **创路领航**

天下难事，必作于易；天下大事，必作于细。

——《道德经》

» **学习目标**

- 知识目标

(1) 了解商业计划书的主要框架。

(2) 熟悉撰写商业计划书的主要原则。

- 能力目标

能够撰写一份打动投资人、合伙人等目标群体的商业计划书。

- 素养目标

(1) 养成自觉规范编辑文档的习惯。

(2) 强化反复钻研、精益求精的工匠精神。

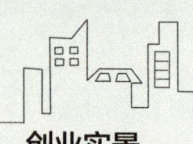

吴小强的创业故事(7): 总结项目构思,撰写商业计划书

经过前期的市场调研、确定构思、设计主张、创造价值、获取价值、创意营销的步骤,吴小强已完成商业逻辑和模式的分析与验证,现需按照商业计划书的基本框架,从摘要、公司介绍、产品介绍、市场分析、营销策略、团队介绍、财务分析、发展规划、风险控制和附录等部分进行全方位的梳理总结,结合相关数据和图表,撰写一份令人满意的商业计划书,以打动合伙人、亲戚朋友和投资人,得到他们的认同,获得更多的资源支持,为项目的落地实施奠定基础。

思考与探究:

深入分析案例,对你的创业项目进行总结,思考如何撰写一份能打动投资人、合伙人等目标群体的商业计划书?

案例动画: 吴小强的创业故事(7)

任务一　探究商业计划书

⊘ 任务先行

通过分析吴小强的创业故事,领会撰写商业计划书的目的,了解商业计划书的基本框架和撰写原则,拟定创业项目的商业计划书框架。

🔑 任务解码

一、领会撰写商业计划书的目的

简单来讲,撰写一份商业计划书通常有以下三个目的。

（一）梳理项目

在起草商业计划书之前,创业者必须对自己的创业项目进行全方位地梳理,包括项目所在的行业状况、未来规划和竞争优势等。因此,商业计划书首先要能够做到把项目推销给创业者自己,才有机会将其推销给投资人。一份好的商业计划书能指导创业者在原有想法的基础上进一步明确项目的品牌定位和切入点、分析市场和目标客户、规划未来发展路径等。

（二）获得融资

商业计划书是创业者寻找 VC(风险资本)或 PE(私募)的敲门砖。寻求投资的时候,投资人一定会先阅读项目的商业计划书。一份应聘简历如果没在一分钟内引起 HR 的兴趣,应聘者基本就没有机会了。同理,如果 VC 或 PE 第一眼对商业计划书不感兴趣,那么就意味着寻求投资的失败。想在大量的商业计划书中脱颖而出、拿到融资,撰写时确实需要花费相当大的功夫。因此,商业计划书写得好,就能充分彰显项目的吸引力,获得融资的可能性就大。

（三）寻找合作伙伴

一个项目想要扩大规模、获得长足发展,就必须寻找合作伙伴,商业计划书就能起到这方面的作用。所以,需要在商业计划书中向潜在的合作伙伴提供尽可能多的项目信息,用这些信息吸引合作伙伴,使其变成真正的合作者。

二、了解商业计划书的基本框架

撰写一份优秀的商业计划书不是一件简单的事情，但也不是无章可循。一般来说，一份优秀的商业计划书大致包含摘要、项目（公司）介绍、产品或服务介绍、市场分析、营销策略、团队介绍、财务状况、发展规划、风险控制、附录等要素。

但需注意，每个项目（企业）的情况都不同，上述基本框架需要根据具体情况进行调整。在撰写商业计划书时，需确保表述清晰、数据准确、行文具有说服力，以展现出项目（企业）的潜力和价值。

三、应用商业计划书的四大原则

（一）投资人思维——让投资人一眼看到最关心的

投资人最看重的三个问题：市场够大吗？团队够强吗？壁垒够高吗？

所以，在撰写商业计划书的时候，要站在投资人的角度，让投资人阅读后能了解项目的四大要点。

（1）"验明正身"，你到底是谁（Who）？

（2）你要做什么（What）？你的产品或服务到底有什么价值？

（3）怎么做（How）？你是不是有执行能力和成功的把握？

（4）怎么盈利（商业模式）、怎么分成、需要多少资金（融资多少）？

其中，"事、人、钱"是创业者需要说清的三大要点，在撰写商业计划书时应力争用最简洁的语言说清楚：这事值得做，这些人能做，做了能盈利。

另外，投资人对项目的主要考量点应在商业计划中有所体现，如图7-1-1所示。

（二）多用图表原则——注重视觉的直观设计

在商业计划书中，图表的作用主要体现在两个方面：一是辅助作用，辅助他人直观地了解商业计划书中的文字信息，突出商业计划书的重点；二是演示作用，图表能够更清晰地展示数据情况和创业者的逻辑思维。

（三）巧用数据原则——用数据打动投资人

或许在10年前，投资人会被创意和创业者的激情演讲所吸引，但是现在投资人越来越专业、严谨，他们现在更喜欢借助数据做出专业的判断，这要求创业者在撰写商业计划书时要善于利用数据来打动投资人。在商业计划书中使用数据有两种方法。

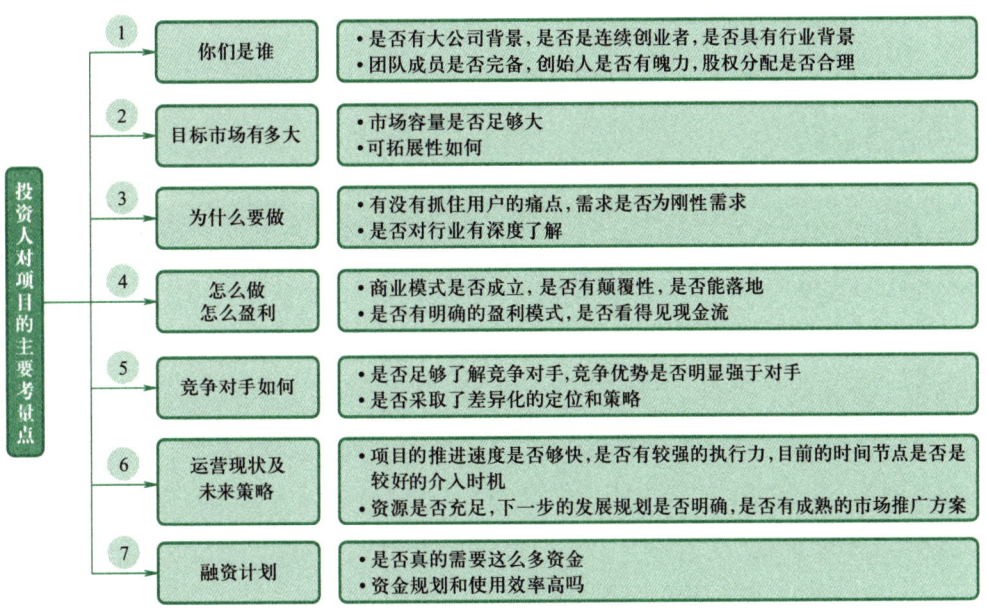

图 7-1-1 投资人对创业项目的主要考量点

1. 关键内容要搭配权威数据

要以简洁的方式介绍企业的商业模式和创新点,说明项目的立足点(用户痛点)及如何解决问题、产品的客户反馈等,这些都是投资人审查的关键点。单纯的文字描述很难让投资人看出项目的成功之处,但权威数据会让投资人信服。

权威数据的主要包括以下几个方面。

(1) 历史发展数据。

(2) 行业报告中的数据。

(3) 论文网站中的数据。

(4) 大数据网站及舆情网站。

(5) 向咨询公司购买的数据。

(6) 自行采集的基础数据。

成功的创业者会对项目的相关市场进行彻底的调研分析,为商业计划书中的每个关键点提供权威的数据支撑,并指出所引用的数据来源。

2. 要选取最具煽动性的数据表达方式

煽动性的数据表达方式是指在商业计划书中,用良好的逻辑思维和科学的数据分析技巧,得出可信度较高的商业结论,从而吸引投资人。

(四) 简洁原则——杜绝拖沓冗长的描述

一份商业计划书的页数尽量不要超过 50 页(不包括附录材料),但视项目情况可做适当调整。如果超过 30 页还没有介绍清楚项目,那么不是叙述有问题就是项目有问题，一份拖沓冗长的商业计划书会让投资人失去阅读兴趣。

📑 任务总结

任务检测

➤ 任务检测

请扫描二维码，测一测你对知识的掌握程度。

➤ 任务实施

参照吴小强的创业故事，描述你的创业项目的商业计划书框架。

➤ 任务反思

商业计划书提供了展示公司或项目价值的机会，同时可以规划企业发展、增强信誉、明确责任和期望、评估风险及促进利益相关者的沟通。它既是吸引投资、贷款和其他资源的重要载体，也是企业长期发展的有力支持。因此，创业者必须不断地反思，从投资人、合伙人等目标群体的角度出发，请教自己的专业老师或创业成功的学长，吸纳他们的意见和建议，设计好商业计划书的框架。

请结合所学知识，填写思考笔记（表 7-1-1）。

表 7-1-1 思 考 笔 记

思考题目	记录
你的商业计划书包括哪些内容	
你的商业计划书的框架要素是否有缺项，应如何完善	

任务二　撰写商业计划书

微课：撰写商业计划书

⊘ 任务先行

按照确定的商业计划书的框架,反复研讨、完善具体内容,撰写一份能打动投资人、合伙人等目标群体的商业计划书。

⚷ 任务解码

撰写商业计划书是创业成功与否的关键,按照确定的商业计划书框架,将前面六个项目的内容融入商业计划书相应的框架之中,反复研讨、完善,并按规范撰写一份能打动投资人、合伙人等目标群体的商业计划书。在撰写过程中,要注重总体和局部、内容和数据、论据和据点相配合,以凸显项目的核心价值,可参照以下框架进行撰写。

一、摘要

摘要是商业计划书的精华,浓缩了计划书中要介绍的关键要素,投资人在看到一份商业计划书时,最先看到的就是摘要,这会给投资人留下第一印象。只有觉得摘要写得精彩,他们才会对后面的具体内容感兴趣。因此,创业者必须掌握摘要的撰写方法,力求精益求精,尽最大努力给投资人留下一个良好且深刻的第一印象,实现开门红。

(一)摘要的细分要素

摘要是对整个项目情况的概述,一般包括以下内容:公司情况、管理者及其组织、主要产品和业务范围、市场概况、营销策略、销售计划、生产管理计划、财务计划、资金需求状况等。

(二)撰写摘要时的注意事项

1. 摘要最好放在最后写

虽然摘要是商业计划书的开头,但建议留到最后再完成的。在撰写商业计划书的主体部分时,可以提炼商业计划书中各部分的亮点,最后写进摘要中,将其突出展示出来,以吸引投资人。

2. 摘要一定要根据所要面对的对象来撰写

在写摘要之前,必须充分了解所面对的目标对象。不同的对象侧重点不同,金融类项目的投资人会重视以前的成绩，高科技类项目的投资人就会更加关注新技术的应用，还有一些投资人会更关注团队的人员情况。所以，要根据目标对象的不同，在摘要中将对方最感兴趣的部分进行着重阐述。

3. 摘要需精练

摘要重在说明自身项目（企业）的不同之处，以及项目（企业）获取成功的市场因素，一般控制在 1~2 页。

二、公司（项目）介绍

如果是一个还没有成立公司的创业项目，那可以省略公司介绍部分，直接介绍产品；如果已注册公司，那么可以对公司的基本情况进行简要介绍。

商业计划书中的公司简介应该包括三个要点。

（1）公司的注册、股份占比等情况。

（2）公司大事记。

（3）公司的发展思路介绍。

这些都是投资人所关心的。

三、产品或服务介绍

在商业计划书中，对产品或服务的介绍是重点，是投资人投资的立足点。他们只有对产品或服务有相当全面的了解，才会考虑投资事宜。

产品或服务的介绍主要包括产品或服务的概念、性能及特点、主要产品或服务介绍、市场竞争力、成本分析、发展新产品或服务的计划、产品的市场前景预测、品牌和专利等。

另外，在介绍产品或服务时，语言要通俗易懂，让不是专业人员的投资人也能看明白。一般来说，介绍产品或服务时都要附上产品或服务的原型、照片或其他辅助资料。

四、市场分析

市场分析主要是叙述项目所处的市场规模和容量，主要包括行业分析、市场规模、竞争对手分析等。一般来说，市场分析的相关内容应在商业计划书中比较靠前的地方进行展示，毕竟这是一个创业项目之所以成立的前提条件。下面对市场分析的撰写方法做进一步介绍。

（一）行业分析

很多创业者在撰写商业计划书时，面对庞大而又纷杂的行业情况，不知道如何下手。事实上，行业分析可以从三个方向入手：行业的环境分析、行业的数据分析和行业的生命周期分析。

1. 行业的环境分析

行业环境包括经济、政治环境、人口环境、科学技术环境、社会文化环境等因素，可采用 PEST 分析法，即从政治、经济、社会、技术四个因素入手来分析当前面临的状况。

2. 行业的数据分析

行业数据包括行业的市场规模、增长态势、行业在整个市场的占有率等。该部分内容经常会引用相关数据，在引用数据做支撑时，应选择近期数据，且尽量选择权威的调查机构公布的数据，如国家部委发布的数据、知名市场调研机构的数据等。

3. 行业的生命周期分析

行业的生命周期分为幼稚期、成长期、成熟期、衰退期四个周期，判断行业所处哪个生命周期的主要指标有市场份额占有率、市场需求增长率、产品的类型、竞争者数量、未来的发展潜力等。

行业在不同的阶段需要实施不同的策略，如表 7-2-1 所示。

表 7-2-1　在不同生命周期采取的不同策略

周期	需要解决的问题	重点内容
幼稚期	用户认知	传播
成长期	用户转化	运营
成熟期	用户留存	品牌建设
衰退期	转型和创新	结构分析

对于某些企业来说，可能会同时处于多个行业中，如一个制造食品添加剂的企业，既处在食品行业，又处在化工行业。在做行业分析和介绍时，创业者应该从多个角度入手，有的可能需要深入分析，有的只需要简单介绍。

（二）市场规模及痛点

尽量计算产品所面向的细分市场的需求规模数据。如面向 20~35 岁白领女性的服装电商，商业计划书中罗列的市场数据就不能是一个笼统的国内服装市场规模数据，而要细分到女装市场和青年女白领线上销售市场。在未能找到直接数据的情况下，需要根据女装市场规模、白领女性占比、服装销售线上渠道占比等数据，估算出大致的市场规模，再参考目前已有的女装电商的情况，在计划书中呈现出合理的数据。

除此以外，商业计划书还应介绍目标行业的市场环境和产品的核心价值，如目标行业的市场环境如何？存在哪些问题？目标客户的需求痛点是什么？基于目标市场的信息和目标客户的需求，做出需求痛点分析。痛点分析一定是真的痛点，不能列一些不痛不痒的问题。痛点还要与产品有契合度，方便接下来介绍产品的时候指出产品是如何解决这些痛点的。

（三）竞争分析

关于市场竞争的分析，除非是全新的领域，竞争较少，可以在这部分简单提及。否则一般都会在介绍产品之后，将本产品与竞争产品做全方位的优劣对比。

重点要阐明的是：直接竞争对手有哪些？竞争对手的发展现状如何？在各个维度上与竞争对手相比各有何优劣？间接竞争对手和潜在竞争对手又是谁？最好以图表的形式展示出来，清晰明了。

五、营销策略

商业计划书的第五个要素是企业的营销和销售管理。营销的过程就是创造客户的过程，对市场的错误认知是企业经营失败的主要原因。在商业计划书中，营销策略应包含四个方面的内容。

（1）营销队伍的建设和管理。

（2）销售渠道的选择。

（3）促销计划和广告策略。

（4）营销激励机制。

六、团队介绍

团队是项目的关键，无论是多么有前景的项目，如果团队势单力薄，也难以支撑项目运行。特别是在融资早期，大多数的投资人会说"投资就是投人"。可见，对于投资人来说，一个好的创始团队意味着正确的决策和相对合理的业务路径，那么企业创业成功的可能性也会更大。所以在商业计划书中，要对团队成员进行精确描述，抓住重点，吸引投资人的关注。

在商业计划书中，团队介绍一般包含创始人介绍、核心团队介绍、人力资源规划等。

（一）创始人介绍

创始人在很大程度上决定了企业的文化、气氛和工作方式，所以在介绍团队时，要对创始人进行重点介绍,这是让投资人了解团队的首要途径。但是投资人也不是对创始人的所有事情都感兴趣,他们看重的是创始人的职业履历、相关经历、资源和能力、梦想和情怀,这是商业计划书中应重点描述的部分。

（二）核心团队介绍

核心团队的介绍是商业计划书中不可或缺的部分,在介绍核心团队时,要重点介绍核心团队的职能划分、管理者的优势、特点和整体优势。

（三）人力资源规划

人力资源管理的重要性使它在商业计划书中也占有一席之地,在商业计划书中,应主要介绍人力资源管理的奖惩制度、考核制度和人力资源计划等。

七、财务状况及财务规划

在商业计划书中,关于财务状况及财务规划的介绍是必不可少的部分,因为投资人希望从这两部分的介绍中了解企业当前的财务状况及未来的财务损益状况,然后据此判断自己的投资能否获得预期甚至更高的回报。

（一）财务状况

财务状况的分析一般包括资产负债表、现金流量表和利润表的制作（详见本书项目五的有关内容）。

投资人为了保证自己的投资能够如期收回并获得相应的收益,大多希望从商业计划书中看到以下内容。

（1）企业开支是否过于浪费?

（2）企业是否有重大负债?

（3）此前融资或承诺投资的资金是否到账?

（4）企业是否有资本抽逃等行为?

（5）企业是否存在重大法律隐患?

（二）财务规划

财务规划的核心部分是融资需求。融资需求是商业计划书中非常重要的部分,大多时候,创业者撰写商业计划书就是为了融资。简单来说,融资需求就是告诉投资人"我到底想要从你这里得到多少资金"。一般来说,商业计划书的融资需求应明确以下内容。

（1）初创企业的资金需求计划,即实现企业发展预计需要多少资金。

（2）初创企业的融资方案，包括企业的股份出让说明、企业的其他资金来源渠道等。

八、发展规划

这部分主要描述企业在未来三至五年内，人力、产品、市场等发展规划，具体包括以下内容。

（一）人力资源规划

1. 招聘与培训

根据业务发展需求，制订未来三至五年的招聘计划，招聘具有相关经验和技能的员工。同时定期进行培训，以提高员工的知识和技能水平。

2. 团队建设

营造良好的工作氛围和工作环境，以提高员工的协作和沟通能力，增进员工之间的情谊。

3. 激励机制

建立有效的激励机制，包括完善的薪酬福利体系和顺利的晋升通道等，以吸引和留住优秀人才。

（二）产品发展规划

1. 产品创新

在关注市场发展趋势的基础上，如何不断推出具有创新性和竞争力的新产品。

2. 产品升级

根据市场反馈和用户需求，对现有产品进行迭代升级，以提高产品的质量和性能。

3. 多元化产品线

逐步拓展产品线，开发更多种类的产品，以满足客户多样化、个性化的需求。

（三）市场发展规划

1. 市场调研

通过市场调研，了解行业趋势、竞争对手情况、客户需求等信息，以便更好地制订市场策略。

2. 目标市场

根据市场调研结果，进一步明确目标市场，制订相应的市场策略。

3. 营销策略

根据目标市场的特点，制订合适的营销策略，包括价格、促销、渠道等方面的策略。

下面以"芯赋能"项目为例，介绍该项目近四年的发展规划。

（1）2021年——起步阶段。注册公司，与深圳某科技有限公司合作生产，在标签芯片定制与标签研发应用等方面建立公司的口碑，开拓市场。

（2）2022年——发展阶段。夯实技术研发与技术优化，主攻农产品溯源管理、医疗器械识别、体育赛事管理等细分市场。依靠项目针对标签移动状态下的精准识别优势，抢占国内畜牧业、医药卫生、赛事管理等应用市场，提高公司的知名度。借助合作伙伴的产业链渠道，成立销售团队，进行线下推广，建立相对稳定的销售渠道。

（3）2023年——壮大阶段。进军智能家居、车辆ETC识别、航空行李托运等对安全加密程度较高的高端市场。稳步推进精准识别细分市场的开发，重点打造标签数据安全保护的品牌营销策略，为客户建立一站式的数据安全保护措施。建立华北、华东、华南三个线下办事处，形成全产业链的研发对接渠道。

（4）2024年——腾飞阶段。构建辐射全国的标签芯片产业链渠道，在RFID中间件、系统集成等领域发力，完成产品线的迭代升级。从技术方案定制、智能运营方案销售，逐步转向RFID系统集成一站式服务提供，包括RFID标签、读写器、中间件和应用系统的开发，从物联网数据的采集到数据的管理、数据的运维和分析，全面升级公司的产品线和业务，帮助传统企业完成产业升级，助推"中国制造2025"。

九、风险控制

在项目的实施过程中，可能遇到政策风险、技术开发风险、市场开拓风险、生产风险、财务风险、汇率风险、投资风险、股票风险、对公司关键人员依赖的风险等。但需说明的是，在商业计划书中，罗列的风险因素不能太多，也不能太少。如果太多，投资人会觉得收益得不到足够的保障，不会考虑投资；如果太少，投资人又会对真实性产生怀疑，从而影响投资决策。一般来说，三个左右较为适宜。

对风险的分析要全面深刻，既要列举风险，还要说明相应的对策。所以，创业者需要对公司的风险有全面把握之后，制订风险规避和处理措施。

风险规避是用来预防风险的一种手段，是指依靠一些措施来降低引起风险的各种因素的出现频率，使风险的发生概率降到最低。风险的规避并不能代表风险已经被完全消除，只是看到有产生风险的苗头时，尽力采取措施尽量将其"扼杀在摇篮中"，但最终会不会发生仍存在不确定性。风险处理是指风险发生之后及时采取措施，使企业的损失降到最低。风险处理是否及时有效，在很大程度上影响着企业能否挽回损失，一般而言，只能尽量减少而不能完全消除损失。

只要是投资就存在一定的风险，创业者不必太过讳言，重要的是要有相应的风险预测、风险规避和风险应对之策，这样可以尽量让投资人安心。

十、附录

附录是商业计划书中的最后一个部分，是对计划书的主体部分进行补充说明。为了使投资人能够了解更加详尽的细节，需要提供在正文来不及解释的内容和参考资料。附录主要包括以下五个方面的内容。

（1）企业或创始人的获奖证明、高新技术企业的认证证明和专利证书等。

（2）企业的行业资质证明。

（3）企业的营业执照、许可证、知识产权证书等。

（4）企业的调研问卷等。

（5）其他的细节性资料。

商业计划书的附录应有编号，可以依次是"附录1""附录2""附录3"等。即使只有一个附录，最好也用"附录1"的形式表示。

附录中的图片、表格、公式也需要命名，如果是附录中第一章第一节的第三个图，可命名为"图1-1-3"，表格和公式的命名原则与图片一致。

📑 任务总结

任务检测

➤ 任务检测

请扫描二维码，测一测你对知识的掌握程度。

➤ 任务实施

在完成本项目任务一的基础上，按照文档编写规范，针对你的创业项目撰写一份商业计划书。

➤ 任务反思

通过撰写商业计划书，创业者可以系统地梳理自己的商业逻辑和思路，明确自身的目标和愿景，并展示出自己的执行能力和资源情况。同时，商业计划书也可以帮助创业者更好地与投资人、合作伙伴沟通交流，以便获得资金和资源的支持。因此，创业者应聚焦目标人群，不断地反思，多请教自己的专业老师或创业成功的学长，吸纳他们的意见和建议,规范地撰写出一份能打动投资人、合伙人等目标群体的商业计划书。

请结合所学知识,填写思考笔记(表 7-2-2)。

表 7-2-2　思 考 笔 记

思考题目	记录
你撰写的商业计划书还存在哪些问题	
你在修改商业计划书的过程中,听取了哪些人的什么建议	

》 拓展提升

借助互联网平台,搜索与你的创业项目相近的三家企业的商业计划书,借鉴优秀案例,对比分析,查漏补缺,进一步优化、完善你的商业计划书。

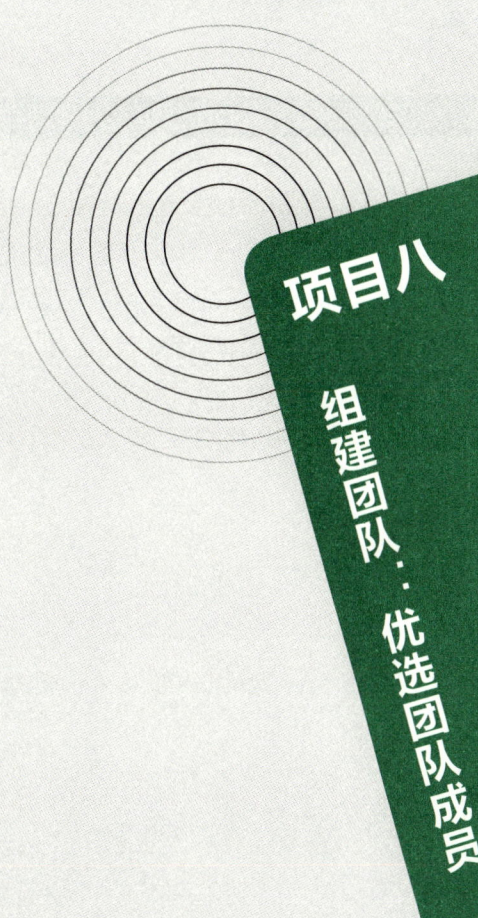

项目八

组建团队：优选团队成员

» **创路领航**

能用众力，则无敌于天下矣；能用众智，则无畏于圣人矣。

——《三国志·孙权传注》

» **学习目标**

● 知识目标

(1) 理解创业团队的概念、内涵和特征。

(2) 掌握股权分配的科学方法。

● 能力目标

(1) 能够组建最小化可行团队，分配股权。

(2) 具备有效沟通和团队协作能力。

● 素养目标

牢固树立大局精神、服务意识和合作精神。

创业实景

吴小强的创业故事(8): 组建创业团队,设置团队股权

　　吴小强根据项目初创阶段的发展需要,结合个人的专业知识和技能,亲自物色人选,吸纳了 2 名与自己价值观一致、认同企业发展目标、能力和资源互补的合伙人加入,然后又招聘了 2 名员工,组建了一支 5 人的创业团队。团队成员主要来自设计和工艺生产行业,有资源和技术优势。根据出资情况,吴小强给 2 名合伙人各 10% 的股权。这个小型创业团队众志成城,贯彻执行公司的发展战略,并逐步走上正轨。

思考与探究:

　　深入分析案例,结合你的优势和劣势,思考如何组建创始团队。

案例动画: 吴小强的创业故事(8)

任务一 组建最小化可行团队

任务先行

通过分析吴小强的创业故事,掌握创业团队的构成要素,结合自己的优势和劣势,组建最小化可行团队。

任务解码

一、掌握创业团队的构成要素

创业团队的构成包括五个要素,被称为"5P"要素,包括目标(Purpose)、人员(People)、定位(Place)、职权(Power)、计划(Plan)。

1. 目标(Purpose)

目标是创业团队的指向标,引导创业团队的发展方向,体现创业团队的潜在价值,目标的完成是团队成员通力合作的结果和获得回报的基础。

2. 人员(People)

团队要以人为本,人是创业团队中的核心优势和主体力量,人力资源是所有创业资源中的能动性资源。成员的共同努力是实现创业目标的基础,成员的分工合作是运作创业团队的前提。

3. 定位(Place)

定位分为创业团队的定位和各个成员的定位,前者是指创业团队在组织中的位置,后者是指成员在团队中的角色。定位不同则意味着创业团队的运作方式不同,合作成员的合作形式也不同。

4. 职权(Power)

职权是创业团队所承担的职责和拥有的权利,职权的界定意味着明晰创业团队的工作重心、职权范围和职能定位。创业团队的职权与组织特征、资源优势、工作能力等密切相关,团队中的领导人职权与团队的发展阶段和所处行业相关。

5. 计划(Plan)

计划是指将团队权限分配给成员,并确定成员之间的分工合作,这也是团队建设中的重要内容,如团队的计划、计划的完成情况、计划的完成时间等。

请从以下问题角度分析自己的创业团队，明确列出具体的解决策略。

（1）团队成员是否有共同的、明确的创业目标？

（2）团队成员的价值观是否一致？团队的共同价值观是什么？

（3）团队是否具备核心人物？

（4）团队的工作计划及实施情况分别是什么？

（5）团队成员的角色与分工是否明确、清晰、不重复？

二、组建最小化可行团队

最小化可行团队是指只组建必要的、优势互补的核心成员，精简团队规模，以最低的成本搭建基本的业务框架，从而实现最核心的业务功能，避免人员冗余和资源浪费。组建这种团队的目的在于高效协作、迅速试错，实现快速迭代和优化，以最低的成本来验证创业想法的可行性。

（一）组建最小化可行团队需思考的问题

在团队组建时需要有效拓展团队能力要素，补全基础能力，方能称为最小化可行团队。在组建最小化可行团队前，需要明确以下问题。

（1）团队的初始规模应该多大？

（2）实现创业构想最需要的人力资源及能力是什么？

（3）选择单一创始人模式还是共同创始人模式？

（4）谁应该参与最初的规划？谁应该参与项目的启动？谁最适合作为项目的创业顾问？谁最适合担任技术顾问？

（5）项目的核心价值是什么？打造核心价值需要谁的帮助？

（二）高效创业团队的特征

高效的创业团队必须具备以下特征，并基于这些特征组建一支高效的最小化可行团队。

（1）清晰的目标。

（2）一致的价值观。

（3）必要的技能。

（4）相互的信任。

（5）良好的沟通。

（6）优秀的谈判技能。

（7）适当的领导能力。

(8) 内部的支持。

(9) 外部的支持。

🗐 任务总结

> 任务检测

请扫描二维码,测一测你对知识的掌握程度。

任务检测

> 任务实施

参照吴小强的创业案例,结合自己的优势和劣势,针对你的创业项目,描述最小化可行团队的"5P"要素。

> 任务反思

组建创业团队需要找到合适的人,而不仅是找顶尖的人。因此,在组建团队的时候,要优选核心成员,找到合适的人加入。

请结合所学知识,填写思考笔记(表8-1-1)。

表 8-1-1 思 考 笔 记

思考题目	记录
你的团队成员主要有哪几类人,各负责什么业务	
团队内部如何实现优势互补、高效运作的	

任务二　设置团队股权

✍ 任务先行

通过了解团队的股权设置逻辑，掌握股权设置的方法，为初业团队设置股权。

🔑 任务解码

一、了解团队股权设置逻辑

股权是团队成员在初创企业中的投资份额，亦称股权比例。股权比例的大小不仅直接影响团队成员在企业中的话语权、控制权和经营管理权，而且是团队成员获得经济利益的依据。

股权分配是团队成员之间约定而成的，是维系团队凝聚力的基础。股权分配要求体现公平，具有激励作用。首先，分配要体现公平，符合"贡献决定权利"的标准；其次，分配要对成员有一定的激励作用，提升团队的正向驱动力。

在设置股权时要做到以下三点。

（一）保证创业者拥有对企业的控制权

创始人占股达到67%，拥有对企业的绝对控股权，具有管理公司的权力，以及拥有修改章程、增资扩股等重大事项的决策权；创始人占股51%，又称之为相对控股，具有对企业一般事项的决策权。如果达不到这两个比例，也应超过34%。因为企业需要有一个具备一票否决权的领导者，这样才能更好地把握企业的发展方向，也能激发团队将企业做大、做强的信心和动力。

（二）实现股权价值的最大化

俗话说"财散人聚"，股权就代表着未来的财，分散一部分股权，才能聚集优秀的合伙人和人才。相较于固定的薪资，股权一般更具有长远的投资价值。

（三）按贡献决定股权的占比

团队成员只有从内心感到公平、合理，才能全身心地投入企业的建设。

对于企业而言，无论是正处于筹备阶段、初创阶段还是发展阶段，股权结构的设计都非常重要。然而，在筹备阶段和初创阶段，股东往往不注意股权结构的安排，导致很多初创企业存在如下问题。

（1）团队成员之间的股权分配方式不合理，完全按照出资多少决定股权占比，不考虑技术、市场、资源等因素给予股份。随着企业的不断发展壮大，各股东之间的贡献和作用大小不同，股东之间的利益分配不合理将导致股东内部出现分歧和矛盾。例如，随着联想集团越做越大，倪光南与柳传志的分歧也越来越严重，最终走向分道扬镳。

（2）股权平均分配，意味着没有掌握绝对话语权的人，这会为企业的发展埋下巨大的隐患。各股东对企业的发展战略、经营方向及投资人的引进等重大事项，若无法形成统一有效的决策，会使得事业陷入僵局，阻碍企业的发展。例如，中式快餐企业"真功夫"就因为创始人均分股权，而为发展埋下隐患。

（3）过早稀释股权，导致创始人失去对企业的控制权。因迫切需要可以带来营业收入的直接资源，创始人可能未经合理评估就将股权进行出售，这样会导致其失去对企业的控制权。

因每个创业项目、创业团队各有不同，股权结构的设置并没有标准答案，但一个适合企业发展的股权结构能促使其发展和壮大。

二、设置团队股权

（一）正视团队股权问题

在正式合伙创业之前，团队成员应开诚布公地讨论以下问题。

（1）出资规则：各出多少股本？占多少比例股权？

（2）出力规则：如何分工？谁来安排和监督工作？

（3）分配规则：盈利怎样分配？多少用于企业发展，多少用于个人分配？

（4）领导规则：谁来领导？如果大家意见不一致时，谁做出最终决定？

（5）退出规则：如果合伙人想退出，该遵循怎样的机制？

合伙人之间约定创始人股权，除按资金比例计算之外，还应当折算创始人对初创企业投入的其他价值，包括技术、品牌、市场的投入估值。将各项投入相加进行总的估值，然后根据各种投资在估值中所占的比例进行股权分配。

股权结构设置是创业团队的顶层架构，其最终目的是为企业运营输送源源不断的动力。创始人在设置团队股权时，可以参考初创企业股权结构计算表（表8-2-1）。

表 8-2-1　初创企业股权结构计算表

事项	股本数量／份	原因
初始基数	100	给团队中的每个人 100 份的初始股作为计算基数，后面根据个人的贡献、资金投入等额外增加
担任项目发起人	120 ～ 150	项目发起人可能是 CEO，也可能不是 CEO，如果某人发起了项目，召集大家一起创业，可以给他额外增加 20~50 份的股份
迈出第一步	120 ～ 200	创始人已经着手实施创业计划，如已经开始申请专利、已经有一个演示原型、已经有一个产品的早期版本，或者已经做了其他对吸引投资或贷款有利的事情，那么可以给创始人额外增加 120~200 份的股份
担任 CEO	110 ～ 180	CEO 作为对公司贡献最大、并最终负责的人，可以额外增加 110~180 份的股份
全职创业	200 ～ 300	全职创始人的工作量非常大，而且在项目失败的情况下冒的风险也更大。因此，应给全职创业的创始人额外增加 200~300 份的股份。通常认为，项目发起人进行全职创业是很有必要的
有投资信誉	200 ～ 400	如果创始人是第一次创业，而合伙人里有人有创业成功的经历，那么这个合伙人比创始人更有投资价值，因为超级合伙人能在很大程度上消除初创阶段的风险，所以应为其额外增加 200~400 份的股份
投入现金者	参照投资人的股权份额计算	此表第一栏的初始基数是假设每个创始人都投入了等量的资金，构成最初的平均分配。如果某个投资人投入的资金相对较多，那么他应该获得较多的股权 现金投资可以参考投资人的股权份额计算：例如，公司第一次融资时合理估值大约是 50 万元，那么投资 5 万元的人，可以额外获得 10% 的股权份额

按照表 8-2-1，将所有股东的计算结果相加求和，得出分母，将每个人的计算结果作为分子，即可计算每人的持股比例。例如，若三个股东的计算总额分别是 800、400、200，则分母为 1 400，三个人的持股比例分别约为 57.1%、28.6%、14.3%。

（二）科学的股权分配

科学的股权分配应做到以下几点。

（1）在分配和讨论的过程中，团队成员从内心感到公平、合理，从而能全身心地投入企业的建设。

（2）保证创始人拥有对公司的控制权。创始人最好具有绝对控股权，能占有 67% 以上的股权，即便达不到这个比例，也要超过 50%。

（3）实现股权价值的最大化，吸引合伙人、人才和投资人。

以华为公司和京东商城的股权设置为例，具体如下。

华为公司——华为在股权设置方面非常成功，任正非将近 99% 的股权都授予华为员工，他本人仅拥有华为 1.01% 的股权，其他所有员工共同持有 98.99% 的股权。这一股权结构极大地激励了华为员工，并且创造了企业创始人以较少的股份，使员工人人都能共享公司发展成果的良好局面。

京东商城——京东商城在股权设置上采取的是二元股权结构，创始人持有的投票权为所有人中最高的，而其他股东的投票权则被限制在一定范围内。这种股权结构使得创始人能够牢牢地掌握京东的控制权，其他股东也能够获得相应的收益。

以上两个例子都是成功设置股权的案例，这样的股权设置能够有效地激励员工、吸引人才、吸引投资，同时也保证了创始人对企业的控制权，促使企业稳健发展。

📑 任务总结

➤ 任务检测

请扫描二维码，测一测你对知识的掌握程度。

任务检测

➤ 任务实施

参照吴小强的创业案例，为你的创业团队设置股权，并描述团队的股权结构。

➤ 任务反思

科学、合理的股权分配是企业稳定运行和健康发展的基石。因此，要以完善的股权分配方案有效地激励员工、吸引人才、吸引投资，保证创始人对企业的控制权，从而实现企业的稳健发展。在企业的初创阶段，创业者要不断反思，多请教自己的专业老师或创业成功的学长，吸纳他们的意见和建议，设置好创业团队的股权。

请结合所学知识，填写思考笔记（表 8-2-2）。

表 8-2-2 思 考 笔 记

思考题目	记录
你是如何设置股权的，设置的依据是什么	
你的股权设置方案应如何进一步优化	

>> **拓展提升**

借助互联网平台，搜索与你的创业项目相似的三家企业的团队组建及股权设置情况，借鉴优秀案例，对比分析，进一步优化并完善你的创业团队和股权设置。

项目九

路演项目·展演商业计划

» **创路领航**

人弃我取，人取我予。

——白圭

» **学习目标**

● 知识目标

(1) 掌握路演的商业逻辑框架。

(2) 了解路演的策略。

(3) 掌握路演的可视化表达技巧。

● 能力目标

能够设计路演 PPT，并进行展演。

● 素养目标

(1) 具备时间管理和自我展示的意识。

(2) 培养敬业、乐业的品质。

创业实景

　　经过 3 个多月的梳理、总结, 吴小强最终完成了商业计划书的撰写和团队成员的确定, 对自己的创业构思和商业逻辑已经非常清晰且信心更加坚定。他估算项目启动资金约需要 30 万元, 但自己存款只有 15 万元, 尚有 15 万元的缺口, 为了筹集这笔资金, 他向一直支持他创业的父亲和合伙人进行路演融资, 解决当前的资金困难, 推动尽快落地, 抢占市场先机。

思考与探究:

　　深入分析案例, 结合你的资源优势, 思考如何设计 PPT 来进行路演融资?

案例动画: 吴小强的创业故事(9)

微课：设计路演

任务一　设计路演

任务先行

通过分析吴小强的创业故事，理解路演的目的和内容，掌握简化商业逻辑的方法，提炼出可以在规定时间内完美呈现的商业逻辑，并设计路演PPT。

任务解码

一、简化商业逻辑

在大众创业、万众创新的时代背景下，越来越多的年轻人开始加入创业，项目路演时时刻刻都在进行。前面我们从客户的需求出发，进行了商业逻辑的分析和评估验证，最终将商业构想编制成一份商业计划书。但创业还需要一个必不可少的资源，那就是必要的资金投入，对于大学生来说，自有资金是有限的。因此，现在我们学习如何通过路演打动投资人，获得外部融资。

项目路演是指企业代表在讲台上向投资人或者听众讲解自己的产品、发展规划、融资计划等项目信息。通过项目路演打动听众，获取认可，从而吸引投资人的支持。项目路演是获得资本支持和客户支持的重要途径。例如，王传福通过路演，让比亚迪汽车走出国门远销海外，成为全球新能源汽车领军企业；雷军通过路演，让小米在短时间内成为世界上估值最高的中国非上市公司。

创业者通过路演主动赢得投资人和客户的关注，路演效果如何是决定创业成败的关键。创业者怎么样才能开展一场非同凡响的路演，一演成名？如何才能讲好企业故事，赢得投资人和客户的关注？怎么通过PPT的可视化演示，激发对方的投资热情和消费欲望？要想做到这三点，创业者必须对项目的商业逻辑进行精简和提炼。

商业逻辑的本质，用最简单的话说，就是战略三级跳（图9-1-1）：找到一个未被满足的需求→做出与众不同的产品满足需求→实现可持续的规模化盈利。

回答以下问题，将商业模式进行口语化提炼和转化，建议每个问题都用一句话来回答，每个回答不超过三点，尝试简化你的商业逻辑（图9-1-2）。

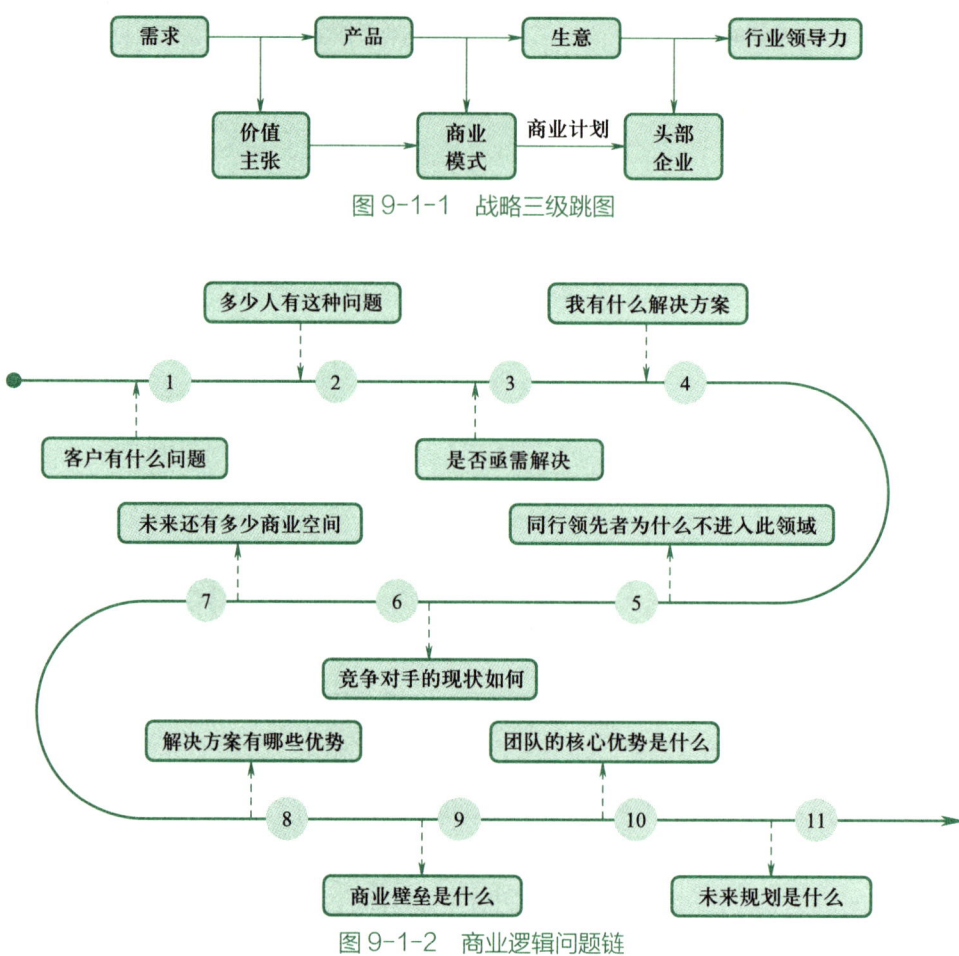

图 9-1-1 战略三级跳图

图 9-1-2 商业逻辑问题链

二、设计路演 PPT

(一)熟知路演 PPT 设计框架

在路演融资时,PPT 是路演展示的关键,投资人一方面听演讲,另一方面要从 PPT 中获得信息。一份思路清晰、观点突出、设计出众的 PPT,可以让投资人全面了解企业,为融资锦上添花,留下一个好印象。

路演遵循的基本原则为"路演 = 提出问题 + 解决方案"。路演 PPT 的基本框架与商业计划书的基本框架相一致,内容来自商业逻辑问题链的提炼和转化,设计的思路和要求如图 9-1-3 所示。

(二)掌握路演 PPT 设计技巧

为了不让"千里马"错过"伯乐",创业者需要掌握制作 PPT 的技巧,重点关注以下七个要点。

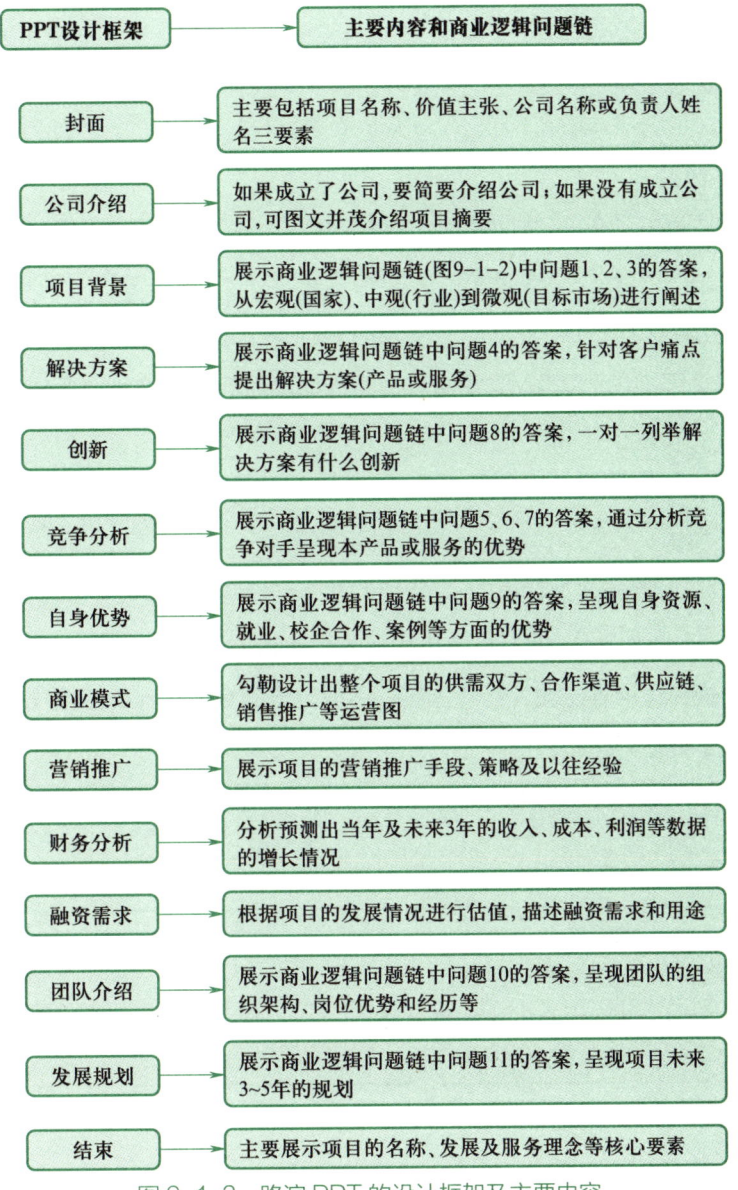

图 9-1-3 路演 PPT 的设计框架及主要内容

(1) 能用图、表、视频表现的,尽量不用文字。

(2) 20 分钟是路演的时间极限。

(3) 给投资人分发演说纲要和 PPT 文稿,建立清晰的导航系统。

(4) 创意为王,注重设计。

(5) 动画可以为 PPT 画龙点睛。

(6) 用数据说话,会让人印象深刻。

(7) 精心策划,谋划精品。

任务总结

任务检测

➤ 任务检测

请扫描二维码，测一测你对知识的掌握程度。

➤ 任务实施

参照吴小强的创业案例，详细描述你的创业项目简化后的商业逻辑，并设计路演PPT。

➤ 任务反思

路演 PPT 是用来传达信息的工具，目的是吸引投资人的注意并使其为产品或服务投资。因此，在设计 PPT 时，需要注重内容的简洁明了、PPT 的吸引力、逻辑的完整性及数据的可视化呈现等方面，设计完成后，请教自己的专业老师或创业成功的学长，听听他们的看法和建议。

请结合所学知识，填写思考笔记(表 9-1-1)。

表 9-1-1　思 考 笔 记

思考题目	记录
你的创业项目简化后的商业逻辑是什么	
你的路演 PPT 重点呈现了哪些内容，是如何呈现的	

任务二　展示路演

微课: 展示
路演

任务先行

做好六个方面的准备,反复训练,选择合适的路演类型,管控路演时间,展现敬业、乐业的精神,让演示内容更加形象化,打动投资人或客户。

任务解码

一、准备路演

梳理好商业逻辑框架,并不代表项目可以获得投资人的青睐。创业者想要创业成功,不仅需要在项目的运营过程中认真策划和用心执行,还要在项目路演前未雨绸缪。项目路演是商业计划书的可视化表达,这可以使创业项目被更多人认可,因此与商业计划书一样重要。"酒香也怕巷子深",为了使项目路演能取得良好效果,创业团队要开展相关准备工作,主要有以下六个方面。

(一) 优化路演 PPT

路演 PPT 需要呈现出干净利落的简约商务风,对于一些长篇阐述的文字内容,可以提炼出核心的字词或短语,现场演示时再加以深入阐述。

(二) 撰写演讲文稿

路演主要是通过口头表达来呈现,需要表达出商业计划书的精华,因而主讲人需要准备一份经过反复斟酌、润色和演练的演讲文稿,以使路演更加顺利。

(三) 预设问题库

创业团队要从听众的角度和表达的需要,预先设定一些问题,并提前做好回答的准备。

(四) 确定主讲人

建议路演主讲人为创业者本人,因为创业者全程主导并参与创业项目的实践和运营,对创业项目更加熟悉且充满感情,一定要避免选择对创业项目不熟悉的人做路演主讲人。

(五) 熟悉设备、场地

在正式路演前,主讲人需要提前到达路演会场进行准备工作,如检查设备是否齐全,熟悉相关设备的使用方法,以及熟悉路演现场等。

(六) 调整心态,真诚认真

项目的路演过程也是考验主讲人心理素质的过程,主讲人要对路演中出现的突发情况做好心理准备,轻松应战。

完美的路演是靠前期的认真准备、精心设计和反复演练而实现的,所以在路演前一定要做好充分的准备。

二、展示路演

(一) 了解路演类型

路演的类型主要包括融资路演、产品路演、众筹路演、财经路演、IT 路演等。

1. 融资路演

融资路演是创业者根据创业情况、企业的发展状况、经营模式等,采用路演的方式向投资人筹集资金的行为。投资人对一个项目、一个创业者的投资,实际上是对该项目的未来进行投资。因此,融资路演的重点就是要让投资人看到双方可共同拥有的未来,看到项目的发展前景,因此在进行融资路演时要特别注意以下几点。

(1) 强调项目的优势。

(2) 选择有利的战略合作伙伴。

(3) 强调企业愿景。

(4) 详述企业的商业模式。

2. 产品路演

产品路演是指企业为了提升产品或服务的知名度、提高销量、树立企业品牌,在户内、户外、互联网等举办的推广活动。这些推广活动能够和消费者进行面对面的交流和探讨,既能推广产品,又能发挥市场调研的作用,也使新技术和新产品在产品路演中得到有力的推广。

产品路演主要包括现场咨询、有奖问答、以旧换新、产品发布会、产品试用会、媒体发布会等。

3. 众筹路演

众筹路演是指创业者向投资人讲解产品特性、发展规划、融资计划等内容,通过线上众筹路演和线下众筹路演两种方式,向投资人寻求融资,并且回答投资人的问题。

线上众筹路演主要通过微信、微博等社交平台对众筹项目进行在线讲解;线下众筹路演则是通过现场活动使创业者与投资人进行面对面的交流。众筹路演的优势就是可以使多个投资人了解创业者的项目,使得双方有更广阔的交流平台,这对于创业者和投资人来说都是十分有利的。

4. 财经路演

财经路演能够扩大企业的影响力,增强投资人和企业的联系,增强投资人信心,避免企业被低估。除此之外,财经路演还可以有效地防范企业股票被恶意控制,使得股票保持真实价值,从而实现平稳发展,确保企业在资本市场中的地位。

5. IT 路演

顾名思义,IT 路演是对计算机、互联网技术及其产品的推广。首先,IT 路演可以推广新技术、新应用,让消费者了解科技的发展;其次,IT 路演可以扩大企业的知名度,有利于长远发展;再次,IT 路演广受互联网技术爱好者的推崇,日益成为消费者和企业的共同需求。进行 IT 路演时需重视以下几点。

(1) 呈现形式多样。通过现场咨询、有奖问答、礼品赠送、现场体验等多种形式使消费者体验产品的优势。

(2) 慎重选择场地。IT 路演的地点是决定路演成败的重要因素,应该尽量选择繁华的商业区进行路演。

(3) 客观分析市场。根据市场情况的不同,企业可以举办不同的 IT 路演活动。

(4) 重点宣传品牌。只有树立良好的品牌形象,企业才能在消费者中产生广泛的影响。

6. 公关路演

公关路演是指公司为了进行品牌宣传、展示新技术、共享新信息、建立良好的社会关系而进行的宣传活动。公关路演为展示公司的整体形象提供了平台,如今已成为诸多公司的重要推广方式。具体来说,公关路演有以下作用。

(1) 吸引消费者。公关路演营造的现场气氛能有效吸引消费者的兴趣,企业人员可以与消费者积极互动。

(2) 提高公司知名度。在日趋激烈的竞争环境下,公关路演是提高企业影响力和顾客满意度的重要途径。

(3) 体现品牌价值。公关路演有助于组建品牌矩阵,让品牌在多个渠道进行传播;同时也有助于打造品牌性路演人才,为其实现自我价值提供平台。

(二) 关注三个要素

不可否认,投资者在评审创业项目时普遍持质疑态度,他们都是过来人,创业型投资者有丰富的实战经验,投资型投资者大多见多识广,专家型投资者虽无实战却有丰富的商业理论和案例研究经验。也正因为经验多、见识广,他们普遍认为大学生很少有优质的创业项目。但对于创业的大学生而言，经验固然少，但大学生极富想象力，离未来世界最近，代表商业的未来力量。因此，在面对投资者时，战略上要重视，因为他们将决定评判结果；战术上要放平心态，按照相应的步骤用心准备，相信自己的项目经得起推敲、受得起质疑。所有伟大的商业项目都是在质疑中被验证的，每一次提问都是一次很好的验证机会，每一个质疑都是绝佳的思路迭代，创业本身就是一个试错的过程，在试错中形成和提升自己的迭代能力，再低的起点都能成就无限可能。

一个引人入胜的开头能迅速让投资人或客户产生代入感，引导他们对企业的故事产生兴趣。因此，路演时需要注意三个要素：引人入胜的开头、商业逻辑的故事化表达和令人回味的结尾。

1. 引人入胜的开头

设计引人入胜的开头，可参照"四化"原理，具体如下。

（1）场景化。将需求与具体的生活或工作场景相结合，让听众能够更好地理解。例如，在介绍一款智能家居系统时，可以这样开头："想象一下，当你下班回到家，灯光自动亮起，音乐悠扬，厨房的烤箱已经预热好，而你只需要动动手指就能控制整个家。"

（2）反差化。通过对比突出你的产品或服务的优势。例如，在介绍一款新推出的智能手机时，可以这样开头："你是否常因手机卡顿、网络连接迟缓而感到焦躁？那么，你需要一款内存超大、系统更加稳定的智能手机，它可以给你带来更好的使用体验。"

（3）拟人化。将复杂的技术语言转变为简单易懂的生活语言，让听众能够轻松理解。例如，在介绍一款人工智能产品时，可以这样开头："你想不想拥有一个私人管家？一个不需要工资、从不休息，只会全心全意为你服务的管家？你可以了解一下这款人工智能产品。"

（4）娱乐化。通过幽默的语言调动听众的情绪，让听众在轻松的氛围中了解你的产品或服务。例如，在介绍一款化妆品时，可以这样宣传："趁早下'斑'，请勿'痘'留。"

2. 商业逻辑的故事化表达

故事比纯粹的商业逻辑更有说服力，纯粹讲述商业逻辑难以吸引关注，只有将商业逻辑故事化才更容易获得投资者的青睐。

（1）将创业过程中犯过的错误作为产品的卖点。例如，我们花了几个月的时间做出了自认为很好的功能，最后一看，每一个很好的卖点都有强大的竞争对手，但意外的是……（介绍项目的不同之处）。

（2）通过故事化的设置引入团队成员的介绍。在项目路演中，最乏味的部分就是团队成员的介绍。创业者都是学生，很难有太多的个人亮点。如今的项目竞争越来越强调"硬核""创意"，而大学生创业项目普遍缺的就是"硬核""创意"。因此，在介绍产品的可行性、产品功能的独特价值时，可以适当讲述创业过程中遇到的困难，最终通过他人的帮助或自身的努力得以解决，形成了独具特色的解决方案。例如，隔音蚊帐项目——隔音蚊帐在技术上是否可行呢？我们搜罗了大量的资料证明是可行的，但找不到真正拥有这种技术和生产能力的供应商。最终在项目顾问的帮助下，通过他的人脉资源终于解决了这一难题。所以，接下来，我要隆重介绍我们的创业团队……（介绍团队成员）。

（3）故事化引发对项目的商业化、规模化和可复制性的想象。在描述项目的商业化和规模化时，可以通过故事来激发听众的想象力。例如，可以讲述一个如何将产品成功向市场推广的故事，描述市场的巨大潜力和项目的未来前景；或者可以讲述一个如何将技术应用于不同领域的故事，展示项目的可复制性和扩展性。这些故事可以激发投资者的兴趣和想象力，让他们对项目的前景充满信心。

3. 令人回味的结尾

好的故事结尾应该能升华主题，给人余音绕梁之感。但从已有的经验来看，大学生的创业路演反而容易陷入"高开低走"的困境，演讲结束时总是草草收兵。造成这种现象一般有三种原因，具体如下。

（1）没能合理安排演讲时间。如中国国际大学生创新大赛的省赛项目展示限时 10 分钟（冠军争夺赛项目展示限时 5 分钟），绝大多数项目都是按 10 分钟来准备的，一旦上场，因为紧张造成卡顿，很容易造成时间不够，最终草草结束。

（2）对项目投入不足。这个投入既包括时间投入，也包括情感投入，只有和自己的梦想相结合，将项目当作自己的梦想实验，才能和项目深度融合，在项目路演中保持激情。只有感动了自己，才有可能感动投资者。

（3）结尾缺乏设计。多数人通常会将更多的精力放在路演的开头和过程的设计上，其实结尾同样值得精心设计。结尾的设计可参照以下三种方法。

① 前景融合法。将你的梦想和商业前景进行融合，这样的表达既自然又颇具感染力，既不会像宣誓那样显得生硬，又不会像纯粹描述商业前景那样显得空洞。例如，技术支持乡村振兴项目的结尾可以这样设计："项目给我们带来了很多感动：当你被人需要时，就会觉得做的事情很有价值；当你被亿万人需要时，就会更有走下去的勇气和决心。"

② 情感共鸣法。投资者也是"社会人"，和我们有共同的社会价值观，因此，普世的情感很容易引发他们的共鸣。例如，基于技术支持的禁毒宣传项目的结尾可以这样设计："一路走来，我们被冷落过、被嘲笑过，但更被表扬过、被认可过，虽然毒品好像离我们很远，但见到了身边那么多的案例，我们更加深刻认识到一人染毒、全家被毁。我坚信，今天我们的服务能走进校园、走进地铁、走进社区、走进政府采购清单，就一定能走

出南京、走向各大城市、走遍整个中国。"

③ 价值引领法。投资人在评审项目时，大多有自己的评判逻辑，往往在了解基本情况后，就会形成基础判断。但其实，每位投资人的认知都存在局限性，因此，在项目的最后做价值强化，形成思维引导，是路演的主讲人需要完成的工作。例如，校园社交产品项目的结尾可以这样设计："在今天，公共流量已经被瓜分完毕，校园应该是私域流量最大的蓄水池，这个流量价值有多大不用多说，行动就是最好的开始，更何况，我们真的'挖到了水'，谁敢说日后这些水不会汇流成河呢？"

总之，路演展示是向投资人、客户、合作伙伴等展示企业的重要手段。通过明确目标、简洁明了的设计、故事化的表达、图表和数据支持、互动环节的设计等，可以让路演更有条理、更具说服力，同时也更加吸引人，从而帮助创业者获得更多的投资和合作机会。

📋 任务总结

任务检测

➤ 任务检测
请扫描二维码，测一测你对知识的掌握程度。

➤ 任务实施
在完成路演 PPT 的基础上，选择合适的路演类型进行展示，获得认可和融资。

➤ 任务反思
如何管控好路演时间，更好地展现创业者的敬业、乐业精神，是打动投资人的关键所在。因此，在正式路演之前，应该找自己的专业老师或创业成功的学长进行预演，听听他们的感受和建议；积极参加中国国际大学生创新大赛等赛事，积累路演经验，吸纳评委和投资人的意见和建议。

请结合所学知识，填写思考笔记（表 9-2-1）。

表 9-2-1　思　考　笔　记

思考题目	记录
你向谁预演过 PPT，他们分别提出了什么意见或建议	
你参加过什么类型的创新创业大赛，评委提出过什么意见或建议	

》 拓展提升

为了积累更多的路演经验,完成课程学习后,可积极参加中国国际大学生创新大赛、"挑战杯"中国大学生创业计划竞赛、"赢在广州"暨粤港澳大湾区大学生创业大赛等赛事的比赛路演。

项目十

企业创立 · 合法开办企业

》 **创路领航**

盖天下之事,不难于立法,而难于法之必行。

——张居正

》 **学习目标**

● 知识目标

(1) 熟知所在地区的创业政策。

(2) 熟悉企业的法律形态、权利和责任。

● 能力目标

能够制订开办企业的行动计划。

● 素养目标

(1) 树立企业经营管理理念。

(2) 培养知法守法、诚信经营的意识。

创业实景

经过前期的融资,吴小强筹集了启动资金 30 万元,熟悉了揭阳市的创业环境和政策,了解了企业类型、法律形态和经营活动,做好了充分的材料准备,定于在揭阳市揭东区磐东街道,选择有限责任公司的形式,在揭阳市市场监督管理局进行登记注册,企业名称为广州忻玥工艺饰品有限公司,承担养老保险、医疗保险、失业保险、工伤保险、生育保险、财产保险、增值税、企业所得税、城市维护建设税、教育费附加等税、费、保险责任,并拿到了经营执照。

思考与探究:

深入分析吴小强的创业故事,结合你的实际情况,思考需要准备什么资料、计划到哪里登记注册,并制订开办企业的行动计划。

案例动画: 吴小强的创业故事(10)

任务一　梳理创业政策

⊘ 任务先行

通过分析吴小强的创业故事，了解大学生创业政策，梳理所在地区的创业政策，了解融资渠道，树立法律意识，熟知股权融资。

🔑 任务解码

一、梳理地区创业政策

创业政策是指为达到经济目标，一个国家或地区颁布的促进创业活动并保持均衡创业活动水平的相关政策。

大学生创业政策是指国家或地区为鼓励高校毕业生自主创业，以创业带动就业而颁布的相关政策。如，《财政部、国家税务总局关于支持和促进就业有关税收政策的通知》明确自主创业的毕业生从毕业年度起可享受三年税收减免的优惠政策。其中，高校毕业生在校期间创业的，可向所在高校申领《高校毕业生自主创业证》；离校后创业的，可凭毕业证书直接向创业地县以上人社部门申请核发《就业失业登记证》，作为享受政策的凭证。

每个地方针对本区域的经济发展情况，会研制属地创业政策。创业者可以通过访问地方人力资源和社会保障部门网站来了解最新的创业政策，把握最新的政策动态。

二、了解融资渠道

除获取政府补贴、扶持创业资金外，创业者还可以通过以下渠道获取资金。

（一）银行贷款

银行贷款是指借款人向商业银行借入资金，并约定期限还本付息的一种经济行为。相对于其他融资方式而言，银行贷款的融资成本较低，收取的其他费用也比较少，可以为企业节省部分开支，但贷款办理手续较为复杂、审核相对严格且门槛较高。目前，银行贷款主要有以下三种。

（1）抵押贷款，是指借款人向银行提供一定的财产，如房产、汽车等作为抵押物，从而获得贷款的方式。

（2）担保贷款，是指借款人委托信誉良好的法人或公民作为担保人，从而获得银行贷款的方式。

（3）信用贷款，是指借款人不需要提供自己的财产作为抵押或质押，只凭借自身的良好资信而获得银行贷款的方式。

（二）民间借贷

民间借贷是指借款人向有闲置资金的其他企业或居民借款，一般采取利息面议、直接成交的方式。民间借贷操作程序较为简单，融资速度快，门槛也较低，但利息比银行贷款要高，增加了企业的融资成本。

根据《最高人民法院关于审理民间借贷案件适用法律若干问题的规定》，民间借贷利率可按照以下方式确定。

（1）自然人之间的借贷，当事人在借款合同中对利息没有约定或约定不明确的，应当推定确认借款人不必向贷款人支付借款利息。

（2）除自然人之间的借贷外，借贷双方对借贷利息约定不明，出借人主张利息的，人民法院应当结合借款合同的内容，并根据当地或者当事人的交易方式、交易习惯、市场利率等因素确定利息。

（3）民间借贷利率最高不得超过合同成立时一年期贷款市场报价利率的四倍，对超出部分的利息不予保护。

（三）风险投资

风险投资是一种高风险、高回报的投资，风险投资人比较青睐高科技创业企业，多以参股的形式加入创业企业。

（四）融资租赁

融资租赁是指出租人根据承租人对租赁物件的特定要求和对供货人的选择，向供货人购买租赁物件，并租给承租人使用，承租人则分期向出租人支付租金，在租赁期内租赁物件的所有权属于出租人，承租人拥有租赁物件的使用权。租期届满，租金支付完毕，并且承租人根据融资租赁合同的规定履行完全部义务后，租赁物件的所有权可根据合同约定处理，如续租、购买、退回等。

融资租赁表面上看是借物，而实质上是以租金的方式分期偿还借资。这种融资方式缓解了企业在创业初期购买大型设备的资金压力，创业者在支付第一笔租金后即可使用设备，节省下来的资金可以用在急需用钱的地方。这种筹资方式比较适合需要购买大型设备的初创企业，但在选择时应挑选实力强、资信高的租赁公司，且租赁形式越灵活越好。

（五）政府小额创业贷款

近年来，国家出台了一系列扶持大学生创业的优惠政策，为创业者提供小额创业担保贷款，是国家鼓励创业的主要政策之一。除了国家的扶持政策，各地政府也有一些扶持优惠政策，以鼓励高校毕业生自主创业，需要政府提供资金扶持的创业者可以在当地人社部门或相关网站关注最新的优惠扶持信息。

三、熟知股权融资

（一）股权融资的含义

股权融资是指企业的股东愿意出让企业的部分所有权，通过企业增资的方式引进股东，同时使总股本增加的融资方式。股权融资所获得的资金，企业无须还本付息，但新股东将与老股东同样分享企业的盈利与增长。股权融资的特点决定了其用途的广泛性，既可以充实企业的运营资金，也可以用于企业的投资活动。

（二）股权融资的方式

1. 天使投资

天使投资（Angel Investment）是指自由投资人或非正式风险投资机构对具有巨大发展潜力的高风险初创企业进行的前期直接投资。由于天使投资是对初创企业的早期投资，企业是否能够生存并发展壮大还有很大的不确定性，加之天使投资人往往是个人，因此出资额度往往不会很多，一般在 10 万 ~200 万元，占创业企业股份的10%~30%。天使投资人大多是企业家、富商、公司高管等，在投资之后，他们往往会利用自己的人脉和经验为企业提供有价值的经营发展建议，帮助企业更快地从初创期走向成长期，使企业的资本迅速增值，从而获得相应的投资回报。

2. 风险投资

与天使投资相比，风险投资（Venture Capital，VC）的决策会更加谨慎。投资人通常选择已经走过初创期、步入成长期的公司，同时还要对这些公司进行专业的筛选与调查，投资那些真正有市场前景和成长潜力的独角兽企业[1]。风险投资一般以千万人民币起投，投资期一般 5~7 年。投资之后，投资人会获得相应的公司股权，通常情况下还会对投资企业的事务进行一定的监管，同时提供必要的帮助与支持。

3. 私募股权投资

私募股权投资（Private Equity，PE）是指不采用公开的方式将资金投资给有发展

---

[1] 独角兽企业：投资界术语，一般是指成立不超过 10 年，估值超过 10 亿美元，少部分超过 100 亿美元的企业。

潜力的非上市公司，在投资期结束后，通过上市或者并购等方式退出，获取高额收益的一种投资方式（图10-1-1）。

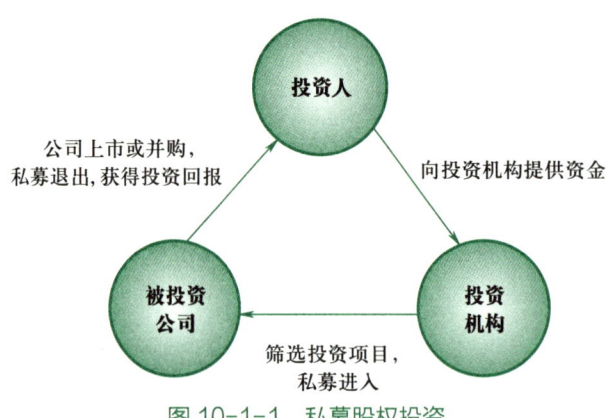

图 10-1-1　私募股权投资

（三）股权融资的对比

在现实生活中，我们常听到的"天使轮"就是指天使投资，A轮（第一轮）融资、B轮（第二轮）融资往往是公司发展前景乐观，为继续扩大市场规模、成为行业领导者而获得的风险投资；C轮（第三轮）融资则是公司发展壮大，有了上市的希望，为积极寻找资本而获得的私募股权投资。这三种融资方式的对比如表10-1-1所示。

表 10-1-1　不同的股权融资方式的比较

比较维度	股权融资方式		
	天使投资	风险投资	私募股权投资
投资介入阶段	处于初创期的企业	处于快速成长期的企业	处于成熟期并准备上市的企业
投资目的	帮助项目启动	为企业的发展提供支持	为企业的长期战略性发展提供资源整合
投资者	一般为投资者个人	风险投资公司	机构投资者
投资额	数额不大，一般为几十万元至几百万元人民币	1 000 万元人民币以上	5 000 万元人民币以上
创业者获得投资的关键	具有发展潜力的项目和优秀的创业团队	用户数据及企业发展的前景	商业模式及股东未来的投资回报

（四）股权融资的设计

1. 保证创业者控制权的股权结构设计

众所周知，股权融资就像一把双刃剑，如果频繁、大量融资，创业者的股权可能过分稀释,因而失去对企业的控制权,导致企业偏离创业者的预期发展轨道。但如果在融资方面过于保守,也有可能错失让企业快速成长起来的机会,让竞争对手抢占先机。因此在融资过程中,做好股权结构设计、保证创业者对公司的控制权是非常重要的,下面重点介绍四种常见的保证创业者控制权的股权结构设计方式。

(1) 通过股权比例控制。在创业融资的过程中,股权分配比例是一个不得不面临的问题,创业者要了解关于股权比例的几个关键数字:股权占比 67%,拥有对企业的绝对控制权,可以修改企业章程、增减注册资本、决定企业的主营业务等;股权占比 51%,拥有对企业的相对控制权,对多数事项有一票通过权,但是修改企业章程、增减注册资本等重大事项仍然需要经过 2、3 位以上具有表决权的股东通过;股权占比 34%,拥有对公司的安全控制权,对重大事项有一票否决权;单独持股或合计持股 10% 以上的股东拥有临时会议权,可以提议召开临时股东会,对决策提出质询,或者提议清算解散公司等。

(2) 通过委托投票权控制。委托投票权是指在融资过程中引入新股东时,与新股东或原有其他股东签订《委托投票协议》,约定其他股东将其持有的表决权委托给创始股东,由创始股东代为行使。由此,创始股东便可在融资过程中仍保持较大的投票权。如果创始股东想在股东会上享有绝对的控制权,建议创始股东本人所持有的投票权加上委托的投票权合计超过 66.7%。

举例说明,假如融资前公司有股东 A(持股 51%)、B(持股 30%)、C(持股 19%),融资后新增股东 D、E,股权比例变为 A 持股 41%、B 持股 23%、C 持股 14%、D 持股 12%、E 持股 10%,为了不丧失对公司的控制权,可与 C、D 约定将股东投票权委托给 A,则 A 实际上拥有 67% 的投票权。

(3) 通过一致行动人协议控制。在融资过程中引入新股东时,创始股东与新股东签署《一致行动人协议》,要求新股东在股东会上与创始股东保持一致的意见和行为。

(4) 通过约定与持股比例不同的表决权控制。创始股东在股权比例被稀释后,可以通过章程约定其拥有较多的表决权以保证在公司中的决策权。

2. 各轮融资创始人股权结构的规划

企业的股权结构在融资前期就要规划好,总共需要几轮融资,每轮融资大概出让多少比例的股份。如果天使投资占比过高,会影响后面的融资。天使轮的投资占比建议在 10%~15%,最好不要超过 20%,否则创业者会发现自己的股权被稀释得很快,A 轮融资后就失去了对公司的控制权。

表 10-1-2 为假设天使投资人拿到 20% 股权的情况下,股权被稀释的演化历程。

表 10-1-2 多轮融资后股权结构的变化

公司股东	融前股比	天使轮后股比	A 轮后股比	B 轮后股比	C 轮后股比	D 轮后股比
股东 A	70.00%	56.00%	44.80%	38.08%	34.27%	30.94%
股东 B	30.00%	24.00%	19.20%	16.32%	14.69%	13.22%
天使投资	—	20.00%	16.00%	13.60%	12.24%	11.02%
A 轮投资	—	—	20.00%	17.00%	15.30%	13.67%
B 轮投资	—	—	—	15.00%	13.50%	12.15%
C 轮投资	—	—	—	—	10.00%	9.00%
D 轮投资	—	—	—	—	—	10.00%
总计	100%	100%	100%	100%	100%	100%

需要说明的是，该表并未考虑员工激励期权池和后续加盟股东的股权需求，如果计入 5%~20% 的员工激励期权池，以及加盟股东 5%~15% 的股权，创业者便明白，创业初期让出太多股权，会造成更严重的股权稀释。

创业者可以参考上表进行企业股权结构的规划与设计，当然除了关心融资过程中创业者所占有的股权比例，还要关注融资谈判过程中的其他条款，以免融资后企业处于不利地位。

3. 创业企业在不同发展阶段的融资方式选择

（1）种子阶段的企业融资方式的选择。处于种子阶段的企业风险非常大，国内外有统计数据表明：种子期的企业成功率不足 10%。面对如此大的创业风险，创业企业的资金来源往往是自己的积蓄或向亲朋好友借钱。当然，如果创业者的项目和能力特别出众，也有可能打动天使投资人或风险投资机构。

（2）发展阶段的企业融资方式的选择。进入早期发展阶段的企业已基本完成了筹建、产品研发、生产组织等工作，但仍然有破产清盘的危险。一份关于我国中小科技企业发展情况的调查报告显示：企业在创业期经营失败的概率为 80%~90%。这一时期的融资方式主要以创业者家族追加投资这种内源式融资为主，辅之以典当、融资租赁等债权融资方式，也有部分优秀项目获得风险投资机构的青睐。

（3）成长阶段的企业融资方式的选择。当企业步入成长阶段，其产品或服务有了一定的市场占有率和知名度，破产清盘风险已经大大降低，企业进入融资的黄金阶段。首先，企业可以留存部分利润作为内源融资；其次，由于企业经营已初具规模，在此阶段取得银行贷款也更加容易；最后，对于个别极具发展前景的企业而言，获得风险投资和私募股权投资的机会也大大提高。

任务总结

任务检测

➤ 任务检测

请扫描二维码,测一测你对知识的掌握程度。

➤ 任务实施

参照吴小强的创业案例,结合你的创业项目,精准对接所在区域的服务部门,了解相关政策及支持力度。

➤ 任务反思

创业政策和融资渠道是创业过程中非常重要的两个因素。因此,在创业和融资过程中,寻求专业建议是非常重要的,创业者可以向会计师、律师、投资顾问等专业人士寻求帮助,或者请教自己的专业老师或创业成功的学长,了解相关政策,制订最佳的策略。

请结合所学知识,填写思考笔记(表 10-1-3)。

表 10-1-3 思 考 笔 记

思考题目	记录
你所在的区域有哪些创业政策,对你有什么帮助	
你准备采取哪种股权融资方式,为什么	

微课:选择企
业法律形态

任务二　选择企业法律形态

📍 任务先行

　　此时,你需要了解我国企业的法律形态,研究并比较每一种企业法律形态的特点,选择合适的企业法律形态。

🔑 任务解码

一、了解企业法律形态

　　企业的法律形态是指企业根据国家法律规定所采取的组织形式和法律地位。我国民营企业的主要法律形态有股份有限责任公司、有限责任公司、外资企业、中外合资企业、中外合作企业、乡镇企业、股份合作制企业、合伙企业、个人独资企业等。

　　不同的企业法律形态有不同的要求,对创业有诸多影响,这些影响主要包括以下几点。

　　(1)开办和注册企业的成本。

　　(2)开办和注册企业的难易程度。

　　(3)企业的风险责任。

　　(4)创业资金的筹集。

　　(5)寻找合伙人的可能性。

　　(6)企业的决策程序。

　　(7)企业的利润分配。

　　不同的企业法律形态有各自的特点,适用于小微企业的法律形态主要有个人独资企业、合伙企业和有限责任公司(表10-2-1)。了解这些常见的企业法律形态的特点,有助于为自己的企业选择合适的法律形态。

表 10-2-1　常见的企业法律形态的特点

法律形态	特点			
	业主数量和注册资本	成立条件	经营特征	利润分配和债务责任
个人独资企业	• 业主是一个人 • 无注册资本限制	• 投资者是一个自然人 • 有合法的企业名称，有固定的生产经营场所和必要的生产经营条件 • 有必要的从业人员	资产为投资人个人所有，业主既是投资者，又是经营管理者	• 利润归个人所有 • 投资人以其个人资产对企业债务承担无限责任
合伙企业	• 普通合伙企业由 2 个以上普通合伙人组成 • 无注册资本限制	• 合伙人为自然人的，应当具有完全民事行为能力 • 有书面合伙协议 • 有合伙人认缴或实缴的出资额 • 有合伙企业的名称和生产经营场所	按照合伙协议的约定或者经全体合伙人决定，可以委托一个或数个合伙人对外代表合伙企业，执行合伙事务	• 合伙企业的利润分配、亏损分摊，按照合伙协议的约定办理 • 合伙企业不能清偿到期债务的，合伙人承担无限连带责任
	• 有限合伙企业由 2 个以上 50 个以下的合伙人设立，其中至少有 1 个普通合伙人 • 无注册资本限制		• 由普通合伙人执行合伙事务 • 有限合伙人不执行合伙事务，不得对外代表有限合伙企业	普通合伙人对合伙企业债务承担无限连带责任，有限合伙人以其认缴的出资额对合伙企业债务承担责任
有限责任公司	• 股东在 50 人以下 • 没有最低注册资本要求 • 注册资本由过去的实缴改为认缴，认缴金额及认缴方式由股东在公司章程中约定	• 股东符合法定人数 • 股东出资达到认缴额度 • 股东共同制定公司章程 • 有公司的名称，建立符合有限责任公司要求的组织机构 • 有固定的生产经营场所和必要的生产经营条件	• 公司设立股东会、董事会和监事会 • 由董事会聘请职业经理人管理公司业务	按照股东实缴的出资比例分取红利，以其认缴的出资额为限对公司承担责任
		一人有限责任公司，即只有一个自然人股东或者一个法人股东的有限责任公司	• 不设股东会 • 应当在每一会计年度终了时编制财务会计报告，并经会计师事务所审计 • 可设 1 名执行董事	股东不能证明公司财产独立于股东自己财产的，应当对公司债务承担连带责任

二、选择合适的企业法律形态

（一）选择企业法律形态应考虑的因素

为保证企业的稳定经营和持续发展,创业者必须选择一种合适的企业法律形态,在选择时,需考虑以下几个因素。

（1）准备创办的企业的规模。

（2）行业类型和发展前景。

（3）股东、合伙人或投资人的数量。

（4）创业资金的多少。

（5）能够充分利用的政策优势。

（6）企业的义务和应承担的责任。

（7）创业者的价值观念（倾向于个人决策还是协商合作）。

在选择企业的法律形态和注册企业时,可以寻求专业帮助。我国有专门为小微企业提供咨询的政府机构（各地市场监督管理局等）和非政府组织（工商联合会等）,还有帮助各类失业人员创业的社会保障和就业服务部门。如果创业者想创办一家规模较大或结构复杂的企业,在选择企业的法律形态时,可以认真听取律师的意见。

（二）选择不同企业法律形态的影响

现有的企业法律形态各有利弊,在选择企业的法律形态时,创业者要考虑企业的实际情况及选择某种法律形态可能会产生的影响。

（1）如果准备创办的企业规模较小、投资人和资金较少,所有风险都由创业者一个人承担,那就可以选择简单、经济的企业法律形态,如个人独资企业。

（2）如果有国外的亲戚朋友愿意投资、帮助创业,那可以选择中外合资企业或中外合作企业等企业法律形态。

（3）如果创业资金和技术不足,但有志同道合的朋友愿意合作,不妨选择合伙企业或有限责任公司等企业法律形态。

（4）如果创业者有较强的独立意识,不喜欢与他人合作,那么可以选择个人独资企业或一人有限责任公司等企业法律形态。

任务总结

任务检测

➤ 任务检测

请扫描二维码,测一测你对知识的掌握程度。

➤ 任务实施

参照吴小强的创业案例,结合你的创业项目的实际情况,回答以下问题。

(1)你的企业的法律形态是什么?(请在相应的 □ 内画"√")

□个人独资企业　□合伙企业　□有限责任公司

(2)你选择这种企业法律形态的原因是什么?

(3)在表 10-2-2 中填写企业主的相关信息。

表 10-2-2　企业主信息

姓名	职位及技能说明

(4)在表 10-2-3 填写企业的股份合作协议要点。

表 10-2-3　股份合作协议

条款	合作人	协议内容
计划注册资金		
出资方式		
出资金额		
股权份额及利润分配		

续表

条款	合作人	协议内容
利润金额与亏损承担		
分工、权限和责任		
违约责任		
转股、退股及增资		
协议变更和终止		
其他条款		

➤ 任务反思

不同的企业法律形态,如个人独资企业、一人有限责任公司、普通合伙和有限合伙等,在出资人、债务承担和税务等方面有不同的特点。因此,建议创业者在选择之前咨询专业人士的意见,再综合考虑,最终选择合适的企业法律形态。

请结合所学知识,填写思考笔记(表 10-2-4)。

表 10-2-4　思 考 笔 记

思考题目	记录
你选择的企业法律形态是什么,原因是什么	
专业人士或其他人对你的规划有何建议或意见	

任务三　履行企业法律责任

⊘ 任务先行

已经选择了合适的企业法律形态,现在需要了解经营企业的法律环境,并进行工商登记注册,履行相关责任,降低企业的经营风险。

⚷ 任务解码

一、了解企业的法律环境

国家的法律法规是规范公民和企业经济行为的准则,具有权威性、强制性、公平性等特征。在开办和经营企业的过程中,创业者要自觉树立"学法、知法、懂法、守法、用法"的意识,保证企业合法、有序地经营和发展。

我国的法律有很多,与创办和经营企业有直接关系的法律及关键内容如下所示(表10-3-1)。

表 10-3-1　与创办企业直接相关的基本法律及其内容

相关法律	关键内容
相关企业法	《中华人民共和国公司法》《中华人民共和国个人独资企业法》《中华人民共和国合伙企业法》《中华人民共和国中外合作经营企业法》《中华人民共和国乡镇企业法》等
《中华人民共和国民法典》	• 设立企业应当符合法律规定,并且必须依法登记,取得营业执照。同时,企业必须具备一定的资金和物质条件,能够独立承担民事责任。企业的经营应当合法合规,企业的出资人不得滥用出资人权利损害法人或者其他出资人的利益,不得滥用法人独立地位和出资人有限责任损害法人债权人的利益 • 企业的终止应当依法进行,并按照法律规定处理企业资产和债务等
《中华人民共和国劳动法》	涉及促进就业、劳动合同和集体合同、工作时间和休息休假、工资、劳动安全卫生、女职工和未成年工特殊保护、职业培训、社会保险和福利、劳动争议、监督检查等内容
《中华人民共和国劳动合同法》	涉及劳动合同的订立、劳动合同的履行和变更、劳动合同的解除和终止、特别规定(集体合同、劳务派遣、非全日制用工)、监督检查、法律责任等内容

此外,与企业相关的法律还有《中华人民共和国会计法》《中华人民共和国税收征

收管理法》《中华人民共和国产品质量法》《中华人民共和国消费者权益保护法》《中华人民共和国反不正当竞争法》《中华人民共和国保险法》《中华人民共和国环境保护法》《中华人民共和国就业促进法》《中华人民共和国食品安全法》等。

二、明确要承担的企业责任

创业者要知道法律既对企业有约束的一面（规范企业活动），也会给企业以保护（保护企业的正当权益）。遵纪守法的企业将赢得客户的信任、供应商的合作、员工的信赖、政府的支持，甚至会赢得竞争对手的尊重，进而营造一个良好的营商环境和发展空间。

（一）工商登记注册

我国法律规定，新办企业要经市场监督管理部门核准登记，领取营业执照。营业执照是企业主依照法定程序申请的规定企业经营范围等内容的书面凭证。企业只有领取了营业执照，才可以开展各项法定的经营业务。营业执照就像企业的身份证，标志着企业的合法身份。

小微企业工商登记注册的一般流程如图 10-3-1 所示。

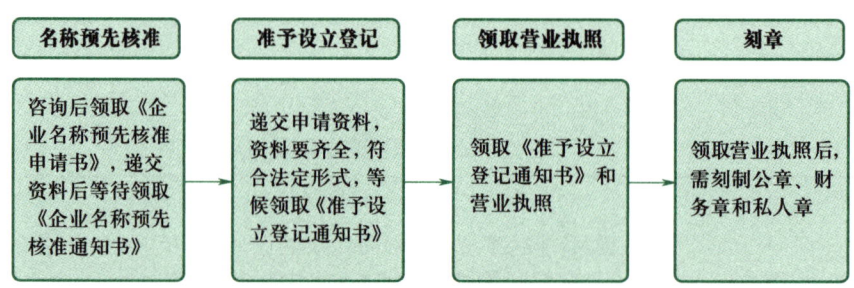

图 10-3-1　小微企业工商登记注册的一般流程

小微企业在工商登记注册的过程中，应注意以下事项。

1. 企业名称预先核准

为企业取名时，应注意不能重名、侵权、违规。创业者可以预先准备至少五个企业名称，以备工商登记注册机关在一定时间和范围内核查。

2. 企业名称预先核准需递交的材料

此时需递交申请人的身份证明、填写好的《企业名称预先核准申请书》、法规及政策规定需要提交的相关文件和证明。

3. 办理营业执照需递交的资料

此时需递交申请人签署的个体开业登记申请表、从业人员证明、经营场所证明、家庭成员关系证明、从业人员照片等。

4. 行政许可

从 2016 年 10 月 1 日起,我国全面实施"五证合一、一照一码"登记制度,企业无须再单独办理组织机构代码证、税务登记证、社会保险登记证、统计登记证,只需办理加载统一社会信用代码的营业执照即可。

需要注意的是,我国工商登记遵循属地办理原则,若想申请营业执照,则需要到公司注册地址所在辖区的市场监督管理局提交材料。除了市场监督管理局,现在很多地方的行政审批局、政务服务中心、便民服务中心也可以受理公司注册登记业务。

经营特殊行业的,必须在获得经营许可后,才可以继续办理工商登记注册。

(二) 依法纳税

依法纳税是公民和企业应尽的责任和义务。我国税法规定,所有企业都要报税和纳税。与企业和企业主有关的税种主要包括增值税、营业税、个人所得税、消费税、关税、城市维护建设税、教育费附加、印花税、企业所得税等。

(1) 增值税是以商品(含应税劳务)在流转过程中产生的增值额作为计税依据而征收的一种流转税。

(2) 营业税是对在中国境内提供应税劳务、转让无形资产或销售不动产的单位和个人,就其所取得的营业额而征收的一种税。

(3) 个人所得税是调整征税机关与自然人(居民、非居民)之间在个人所得税的征纳与管理过程中所发生的社会关系的法律规范的总称。

(4) 消费税是以应税消费品的销售额为计税依据而征收的一种流转税。

(5) 关税是对进出国境或关境的货物、运输工具、行李包裹、邮寄物品等所征收的税。

(6) 城市维护建设税是以纳税人依法实际缴纳的增值税和消费税为计税依据而征收的一种税。

(7) 教育费附加是根据《中华人民共和国教育法》而征收的税。

(8) 印花税是以经济活动中签立的各种合同、产权转移书据、营业账簿、权利许可证照等应税凭证文件为对象所征收的税。

(9) 企业所得税是对我国境内的企业和其他取得收入的组织的生产经营所得和其他所得征收的一种税。

社会经济活动是一个连续运作、生生不息的过程,涉及生产、流通、分配、消费等环节。国家对生产流通环节征收的税种称为流转税,它是以销售收入为对象而征收的一种税,如增值税等;对分配环节征收的税种称为所得税,它是以企业生产经营所得和个人收益为对象而征收的一种税,如企业所得税、个人所得税。此外,还有以流转税为基础征收的附加税费,如城市维护建设税、教育费附加等。

不同税种的税率可能有所不同,具体如下。

(1) 增值税税率: 13%、9%、6%、0%。

(2) 消费税税率: 1%~56%。

(3) 企业所得税税率: 15%~25%。

(4) 个人所得税税率: 3%~45%。

(5) 关税税率: 1%~30%。

税率具体多少需要依据具体的税种、纳税对象和纳税地点等确定,可查询有关文件或咨询专业人士获取准确信息。

要计算企业应缴纳的各种税金,必须正确判断企业类型。明确企业是一般纳税人还是小规模纳税人,是定期定额征收(征收定额税)还是查账征收,是按年缴纳还是按季预缴、年终清算,等等。总之,个人和企业均应依据国家税法和相关规定计算并如期缴纳税金。

三、选择企业的商业保险

商业保险是保险公司通过与企业或个人订立保险合同,以营利为目的转嫁企业或个人风险的保险形式。经营企业总会有风险,各类企业所面临的风险各异,并非所有的企业风险都需要投保。例如,产品需求下降这种最常见的企业风险,就只能由企业自己承担,而有些风险则可以通过购买保险来应对。

企业购买保险后,一旦发生问题,企业和员工的利益可以得到一定的保障。有的企业为了省钱不买保险,其实是失策之举。例如,一家企业的贵重设备被盗或是发生了火灾,如果这家企业没有购买保险,那么损失就要全部由企业自己承担。

商业保险通常分为财产保险、人寿保险和健康保险。

(1) 财产保险,主要包括机动车保险、企业财产保险、家庭财产保险、船舶险、责任保险、保证保险、货物运输保险、意外伤害险、农业保险、工程保险、信用保险等。

(2) 人寿保险和健康保险,主要包括疾病保险、医疗保险(普通医疗保险、意外伤害医疗保险、住院医疗保险、手术医疗保险、特种疾病医疗保险等)、失能保险等。

因此,创业者要根据企业的实际情况决定投保哪些险种。一般来讲,创业者可以从专门为小微企业提供法律事务咨询服务的政府或非政府机构那里得到有关保险的信息,也可以从当地保险公司里得到相关报价。

任务总结

> 任务检测

请扫描二维码,测一测你对知识的掌握程度。

任务检测

> 任务实施

参照吴小强的创业案例,根据你的创业项目的实际情况,选择并确定企业需缴纳的税种及其金额,完成表 10-3-2 的填写。除列出的税种外,如果你的企业还需要缴纳其他税种,请在表格中补充,并填写后面几列内容。

表 10-3-2　企业应纳税情况表

公司名称:

所纳税种		是否适合你的企业(是 / 否)	详细内容	费用 / 元
流转税	增值税			
	消费税			
所得税	企业所得税			
	个人所得税			
附加税费	城市维护建设税			
	教育费附加			
其他				

> 任务反思

根据企业法的规定,企业法人以国家授予其经营管理的财产承担行政责任和民事责任。因此,创业者要咨询专业人士,听取他们的意见和建议,依法履行法律责任。

请结合所学知识,填写思考笔记(表 10-3-3)。

表 10-3-3　思 考 笔 记

思考题目	记录
你的企业需承担的法律责任有哪些	
你的企业应购买哪些保险	

任务四　开办你的企业

🧭 任务先行

到这一步,创业者要对掌握的所有信息进行综合分析,是否有决心和能力创办企业、是否有足够的资金创办企业等。如果都准备好了,那么可以制订开办企业的行动计划,熟悉企业的生产经营活动,开始企业运营。

🔑 任务解码

一、制订开办企业的行动计划

现在创业者已经决定要开办企业,但还停留在纸面上。那么在和客户实际打交道之前,还有很多工作要做。做这些事要有章法,所以应制订一份行动计划,确定有哪些工作要做、由谁来做,以及什么时候完成。

把要做的事情列一份清单,大致内容如下。

(1) 选择合适的营业地点。

(2) 筹集落实启动资金。

(3) 办理企业登记注册手续。

(4) 接通水电、网络等。

(5) 购买或租用机器设备。

(6) 购买存货。

(7) 招聘员工。

(8) 办理保险。

(9) 宣传推广。

创业者要落实的事情有很多,所以尽量不要浪费时间,制订行动计划是能够帮助创业者合理安排时间的最简单有效的方法。制订的计划要严谨,以免遗漏事项。

二、熟悉企业的日常活动

企业的类型不同,日常的业务活动也有所差异。

（1）贸易类企业的日常工作是销售、采购存货、记账和管理店员。

（2）服务类企业的日常工作是完成服务任务；管理员工，使他们保质保量地完成工作。除此之外，还要采购材料、控制成本，为新的服务项目定价。

（3）制造类企业的日常工作要复杂得多，要接订单，核实自己的生产能力，安排车间生产。这意味着制造类企业的日常业务包括购买原材料、调配好工厂的设备、监控工人的工作质量、控制成本、销售产品等。

（4）农林牧渔类企业的日常工作也很多，如购买原材料、控制成本、为种植或养殖的产品定价等，还要做好相关动植物的疾病防治工作。

通常情况下，企业会面临员工管理、采购和存货管理、生产管理、促销、控制成本、确定价格、业务记录和组织办公室工作等。

（一）员工管理

第一，要树立团队意识，因为大多数工作都需要集体配合完成。如果任务下达到团队，且如期完成，每个成员都会受到鼓舞。团队合作的好处体现在以下几个方面。

（1）提高员工的工作积极性——成员能感受到集体的业绩里有他们的付出。

（2）提高工作质量——团队成员共同配合可能提高工作质量问题。

（3）提高生产效率——集体工作比单干更有助于成员各展所长。

第二，重视员工培训，这是企业成功的重要因素。虽然组织培训要花费一定的资金，但好处很多。

（1）员工能学到新的、更有效的工作方法。

（2）员工会觉得企业关心他们的成长，从而增加忠诚度。

第三，重视员工的安全。如果员工生病或离职，企业还要招聘和培训新人。所以，企业要保护员工，关心员工的心理动向，重视员工的身心安全，防止他们发生工伤事故。安全措施不只意味着避免工伤事故，还包括改善不良的工作条件，如降低噪声、提高照明度、消除有害液体和气体等。

国家规定了职业安全与卫生的最低要求，如果企业违规，不仅会给别人带来痛苦，还要承担相应的责任。所以，重视员工的安全，关心员工的健康，不仅有利于提高员工的积极性，而且还能降低企业的人力资源成本。

（二）采购和存货管理

企业都要买进卖出。零售商从批发商处买来商品，然后卖给客户；批发商从制造商处进货，卖给零售商；制造商从不同渠道采购原材料，制成产品后卖给客户；服务类企业的经营者买来设备和材料，然后出售他们的服务。

此外，企业还要对采购的原材料、商品等存货建立验收、保管、领用、盘点等管理制度，保证存货的安全完整，提高存货的运营效率。

（三）生产管理

生产管理是制造类企业、特定服务类企业和农林牧渔类企业的一项日常工作。在经营过程中，企业主通常要做以下决策。

（1）生产什么。

（2）在何处生产。

（3）在何时生产。

（4）如何生产。

（5）生产数量。

（6）生产质量。

（四）促销

促销可以使企业现有的和潜在的顾客了解相关的产品或服务。以下是常见的促销手段，企业主要根据企业的实际情况，选择最适合的促销方式。

（1）散发传单或宣传册。

（2）在橱窗和公共场所悬挂广告招牌。

（3）举办打折、买一赠一等促销活动。

（4）有选择地参加特定节假日的宣传或服务活动。

（5）通过直播、参与电商年货节等方式进行促销。

（五）控制成本

企业成本是企业资金支出的根源，合理控制成本有助于提高企业的利润。企业主要清楚企业的生产成本或进货成本，这有助于确定价格、赚取利润，将成本维持在最低限度对于企业而言十分关键。

与成本相关的信息主要来自财务会计系统。即使是最简单的财务记录，也能提供计算企业成本的依据。

（六）确定价格

企业主要为产品或服务合理定价，使产品或服务既能产生利润，又具有竞争力。要明白，只有销售收入大于生产产品或提供服务的成本，才会有利润。因此，在定价之前，企业主必须先摸清成本，否则无法判断企业是否盈利。

（七）业务记录

企业主必须知道企业的经营状况。如果经营遇到困难，可以通过分析业务记录发现问题所在。如果企业运转良好，也能通过这些记录进一步了解企业的优势所在，使企业更具竞争力。总之，做好业务记录能帮助企业主做出有利的经营决策。

此外,做好业务记录还有助于开展以下工作。

(1) 控制现金。

(2) 控制赊账。

(3) 随时了解企业的经营情况。

(4) 控制库存量。

(5) 了解员工动态。

(6) 掌握资产状况。

(7) 上缴税款。

(8) 制订计划。

大多数小微企业为节省开支往往不会聘用专职会计,企业主为了掌握现金流可以自学简单的记账办法。虽然不同企业的记账方式有所差别,但一般都包括以下内容。

(1) 收入的资金。

(2) 支出的资金。

(3) 债权人。

(4) 债务人。

(5) 资产和库存。

(八) 组织办公室的工作

办公室是企业主的信息中心,因此,办公室工作组织和领导的好坏对企业经营也会产生影响。办公室的工作非常烦琐,而且重视细节,例如,要购买办公设备和办公用品,并为它们加上醒目的企业标识;要设立一个接待客户和来访者的场所;要合理安排各项工作会议;等等。

任务总结

➤ 任务检测

请扫描二维码,测一测你对知识的掌握程度。

任务检测

➤ 任务实施

参照吴小强的创业案例,结合你的创业项目的实际情况,填写表 10-4-1。

表 10-4-1　创办企业的行动计划

序号	需要采取的行动	由谁来做	时间安排	执行情况
1				
2				
3				
4				
5				
6				
7				

➤ 任务反思

守法经营是任何企业都必须遵守的重要原则。作为新时代的大学生,在创业路上要从自身做起,践行社会主义核心价值观,树立正确的法律意识和道德观念,严格遵守国家法律法规,提高自身素质和社会责任感,为祖国的繁荣昌盛做出自己的贡献。

请结合所学知识,填写思考笔记(表 10-4-2)。

表 10-4-2　思 考 笔 记

思考题目	记录
你认为创业者应具备哪些基本特征,与之相比,你的个人情况如何	
你的企业行动计划应如何完善	

》 拓展提升

创业者的使命是引领并激励团队实现企业的愿景和目标,这是一个持续的过程,需要耐心、决心和清晰的战略视野,请谨记以下建议,尝试开办你的企业。

(1)明确企业的愿景和使命。确保你和你的团队对企业的长远目标和存在价值有明确的认识,这个愿景和使命应该有前途、有吸引力,并能够激励团队成员。

(2)制订可行的商业计划。一个详细的商业计划可以帮助你预测市场趋势,评估潜在的机会和风险,并制订合适的策略。

(3)关注客户体验。无论你的企业提供什么样的产品或服务,客户始终是核心。了解他们的需求和期望,并努力提供超越他们预期的体验。

(4) 保持创新性和灵活性。在快速变化的市场环境中,企业需要不断改进和创新以保持竞争力。培养相应的企业文化,并学会适应市场的快速变化。

(5) 建立强大的团队。优秀的团队是企业的核心,企业需要寻找并吸引有才华的人以组建团队,同时也要确保他们有良好的工作环境。

(6) 掌握核心技术。在数字化时代,了解并掌握最新的、核心的技术对于企业而言至关重要,如人工智能、云计算等。

(7) 管理现金流。了解企业的收入和支出,以及现金流的情况,可以帮助你做出更明智的决策,避免陷入财务困境。

(8) 树立良好的社会责任意识。企业不仅需要追求利润,还需要对环境、社区和员工负责。良好的社会责任感可以提高企业的声誉,吸引更多优秀的人才。

(9) 持续学习和改进。无论企业取得了多大的成功,总有改进的空间。始终保持学习的态度,收集反馈,以驱动持续改进和创新。

(10) 寻找导师和顾问。有经验的人可以提供宝贵的见解和建议,寻找行业内的专家或经验丰富的企业家作为导师或企业顾问,他们的经验可以帮助你避免常见的创业陷阱。

参考文献

［1］许祥鹏,何辉. 创业基础——创业知与行［M］. 北京:高等教育出版社,2023.

［2］陈吉胜,韩红. 创新思维与创业基础［M］. 北京:高等教育出版社,2022.

［3］邰葆清,梁明亮,李江涛. 创新创业教育(配行动手册)［M］. 北京:高等教育出版社,2023.

［4］王振杰,刘彩琴,刘莲花,池云霞. 大学生创新创业基础(配创新创业案例与分析)［M］.2
版. 北京:高等教育出版社,2023.

［5］高丽华,王蕊. 创新创业基础［M］. 北京:高等教育出版社,2021.

［6］贾德芳,王硕. 创业团队建设与管理［M］. 北京:高等教育出版社,2022.

［7］黄传伸,陈光. 税收筹划一本通［M］. 北京:民主与建设出版社,2021.

［8］黄乃文,许统德. 创业实务［M］. 北京:电子工业出版社,2020.

［9］人力资源和社会保障部职业能力建设司,中国就业培训技术指导中心. 创办你的企业——创
业计划书［M］.2 版. 北京:中国劳动社会保障出版社,2017.

［10］张增先,王定标,潘永焕. 迭代力:构筑未来商业的内在力量［M］. 杭州:浙江大学出版社,
2019.

读者意见反馈

为收集对教材的意见建议，进一步完善教材编写并做好服务工作，读者可将对本教材的意见建议通过如下渠道反馈至我社。

咨询电话　400-810-0598
反馈邮箱　gjdzfwb@pub.hep.cn
通信地址　北京市朝阳区惠新东街 4 号富盛大厦 1 座高等教育出版社总编辑办公室
邮政编码　100029

资源服务提示

授课教师如需获得本书配套教学资源，请登录"高等教育出版社产品检索信息系统"（https://xuanshu.hep.com.cn/）搜索本书并下载资源，首次使用本系统的用户，请先注册并进行教师资格认证。

联系我们

高教社高职就业创业教育研讨 QQ 群：1035265438

图书在版编目（CIP）数据

创业实务 / 许统德主编 . ---北京：高等教育出版社，2024.6
ISBN 978-7-04-062047-4

Ⅰ. ①创… Ⅱ. ①许… Ⅲ. ①大学生－创业 Ⅳ. ① G647.38

中国国家版本馆 CIP 数据核字（2024）第 063287 号

策划编辑　陈　磊
责任编辑　王蓓爽
封面设计　李小璐
版式设计　马　云
责任绘图　马天驰
责任校对　刘娟娟
责任印制　高　峰

出版发行　高等教育出版社
社　　址　北京市西城区德外大街 4 号
邮政编码　100120
印　　刷　北京汇林印务有限公司
开　　本　787mm×1092mm　1/16
印　　张　10.75
字　　数　200 千字
购书热线　010-58581118
咨询电话　400-810-0598
网　　址　http://www.hep.edu.cn
　　　　　http://www.hep.com.cn
网上订购　http://www.hepmall.com.cn
　　　　　http://www.hepmall.com
　　　　　http://www.hepmall.cn
版　　次　2024 年 6 月第 1 版
印　　次　2024 年 6 月第 1 次印刷
定　　价　30.80 元